Erstellt mit Liebe und Affinity Publisher auf einem Mac.

Copyright 2025: Markus Schall, Hackenweg 97, 26127 Oldenburg

1. Auflage 2025

Verlag: BoD · Books on Demand GmbH, Überseering 33, 22297 Hamburg, bod@bod.de
Druck: Libri Plureos GmbH, Friedensallee 273, 22763 Hamburg
ISBN: 978-3-8192-4948-8

Markus Schall

Krisen als Wendepunkte

lernen • wachsen • gestalten

Krise als Chance begreifen -
und gestärkt daraus hervorgehen.

https://schall-verlag.de

Inhaltsverzeichnis

Teil I - VERSTEHEN

Teil II - ERKENNEN

Kapitel 7 – Selbstbild, Spiegel und Schatten

Kapitel 8 – Freezeouts, KI und der innere Spiegel 106

Teil III - HANDELN

Teil IV - WACHSEN

Vorwort

Es gibt Bücher, die aus einer Idee entstehen – und es gibt Bücher, die aus einem Leben heraus geschrieben werden.

Dieses hier gehört zur zweiten Sorte.

Ich habe Krisen nicht aus der Theorie kennengelernt, sondern mitten im Leben. Nicht als Zuschauer – sondern als Beteiligter, Betroffener, manchmal als Suchender, oft als Lernender. Die erste Krise erlebte ich, da war ich gerade dreieinhalb Jahre alt: die Trennung meiner Eltern. Damals konnte ich nicht verstehen, was da geschah – aber ich fühlte es. Und wer in diesem Alter schon Abschied erlebt, spürt früh: Sicherheit ist nicht selbstverständlich.

In meiner Kindheit und Jugend war ich Teil eines Patchwork-Systems – mit all den sichtbaren und unsichtbaren Spannungen, die dazugehören. Ich habe gelernt, mich anzupassen, zuzuhören, zwischen den Zeilen zu lesen. Und ich habe verstanden, dass Krisen oft nicht laut explodieren, sondern sich leise einschleichen.

Später, als Erwachsener, wurde ich selbstständig – und lernte eine andere Art von Erschütterung kennen. Ich hatte Geschäftspartner, die in tiefe persönliche Krisen gerieten, ausgelöst durch Trennungen. Ich erinnere mich an einen Fall, bei dem ich – voller Sorge – mit der Polizei anrücken musste, weil mein Geschäftspartner tagelang nicht erreichbar war. Er hatte sich völlig zurückgezogen, und ich wusste nicht, ob er noch lebt. Es war nicht das letzte Mal, dass ich so etwas erlebte. Auch ein zweiter Partner fiel in ein ähnliches Loch – dieselbe Dynamik, und am Ende geht es fast immer um (lange eingespielte) Dynamiken.

Dann kam der Punkt, an dem ich selbst nicht mehr außen vor blieb. Ich durchlebte eine eigene Unternehmenskrise, die in der Insolvenz endete – nicht nur geschäftlich, sondern auch privat. Ich ging durch eine komplette Privatinsolvenz, sechs Jahre Wohlverhaltensphase, neun Jahre, bis die Schufa wieder „frei" war. Und das war nur der äußere Prozess.

Kurz danach folgte meine eigene Ehe-Trennung. Zwei Kinder, ein Leben, das auseinanderbrach. Meine damalige Frau zog mit den Kindern weg. Ich blieb zurück – mit Fragen, mit Verantwortung, mit Stille. Aber auch der Schrecken dieser Krise löste sich mit der Zeit, und sowohl meine Exfrau, meine Kinder als auch ich selbst führen heute ein entspanntes Leben.

Ich war nie jemand, der Krisen dramatisiert hat. Aber ich habe sie durchlebt. Und ich weiß heute: Krisen sind nicht das Ende. Sie sind auch kein Zeichen von Schwäche.

- Sie sind Einladungen – unbequem, oft brutal ehrlich – zur Neusortierung.
- Zur Rückkehr zu dem, was wirklich zählt. Zur Frage:
- Was bleibt, wenn nichts mehr sicher scheint?

Viele dieser Fragen habe ich nicht aus Büchern beantwortet, sondern einfach durch eigene Erfahrung.

Ich war bei der Bundeswehr. Ich war selbstständig. Ich war pleite. Ich war allein. Ich habe mich neu aufgebaut. Und ich habe – in letzter Zeit auch verstärkt durch Gespräche mit künstlicher Intelligenz – gelernt, mich selbst anders zu sehen. Klarer, ehrlicher und Freier.

Dieses Buch ist kein Ratgeber im klassischen Sinn. Es ist eine Sammlung von Gedanken, Erfahrungen, Erkenntnissen. Keine Patentrezepte. Kein Fingerzeig. Aber vielleicht ein Resonanzraum für Dich – wenn Du selbst gerade an einem Punkt stehst, an dem Du spürst:

So geht es nicht weiter. Aber ich weiß noch nicht, wie es anders gehen soll.

Ich schreibe nicht, um zu beeindrucken. Ich schreibe, weil ich glaube, dass wir – gerade in schwierigen Zeiten – echte Stimmen brauchen.

Keine lauten, sondern glaubwürdige.

Wenn dieses Buch Dir in einer Deiner eigenen Übergangsphasen zur Seite stehen kann – leise, unterstützend und klar, dann hat es seinen Zweck erfüllt.

Markus Schall

Ein Blick in meine berufliche Herkunft – und warum sie dieses Buch geprägt hat

Ich bin seit fast 30 Jahren als Datenbankentwickler tätig. Genauer gesagt: Ich arbeite mit FileMaker, einem System, das vielen vielleicht gar nicht bekannt ist – aber seit Jahrzehnten still und zuverlässig in zahllosen Unternehmen Prozesse abbildet, verbindet, vereinfacht und automatisiert.

Was sich nüchtern anhört – „ich entwickle Datenbanken" – ist für mich seit jeher viel mehr als Technik. Denn wer über viele Jahre hinweg Unternehmensprozesse modelliert, Kunden durch strukturelle Engpässe begleitet, Abläufe analysiert, Schwächen im System aufdeckt und Lösungen baut, der beginnt irgendwann, auch das Leben selbst wie ein System zu betrachten. Nicht technisch – aber strukturiert. Nicht verkopft – aber prozessbewusst.

Wenn ich auf mein Berufsleben zurückblicke, dann merke ich:

Diese langjährige Arbeit mit Daten, Beziehungen, Schnittstellen und Benutzerführung hat meine Art zu denken tief geprägt. Ich schaue nicht auf die Oberfläche. Ich frage:

- Wo beginnt die Störung im System?
- Wo fließt Energie ins Leere?
- Welche Schleifen laufen immer wieder – ohne Ergebnis?
- Und was wäre der kleinste stabile Schritt, der echte Veränderung einleitet?

Diese Sichtweise habe ich über die Jahre nicht nur auf Software angewandt – sondern immer öfter auf mich selbst. Und irgendwann auch auf andere Menschen. Denn viele Krisen, die wir erleben, sind keine Einzelfehler. Sie sind das Ergebnis von Mustern. Wiederholungen. Ungeklärten Abhängigkeiten. Fehlenden Rückmeldeschleifen.

Als Entwickler ist man gezwungen, die Dinge zu Ende zu denken. Ein halbfertiger Prozess funktioniert nicht. Und das gilt auch fürs Leben. Wer nur Symptome bearbeitet, steht beim nächsten Problem wieder am Anfang. Wer sich aber die Mühe macht, den wirklichen Ursprung zu finden, der kann anfangen, neu zu bauen – innen wie außen.

In diesem Buch findest Du deshalb keine Floskeln, sondern Strukturen. Gedankengerüste, Reflexionsräume, ehrliche Auseinandersetzung mit dem, was in vielen Lebenssystemen nicht rund läuft.

Ich komme nicht aus der Ratgeberwelt. Ich bin kein Psychologe. Ich bin auch kein Coach. Aber ich bin jemand, der gelernt hat, Systeme zu durchschauen – und dann mit einfachen Mitteln wieder in Fluss zu bringen.

Und manchmal reicht genau das:

Ein klarer Blick.

Ein ehrliches Innehalten.

Und ein ruhiger erster Schritt in eine neue Richtung.

1

2

3

4

5

6

7

8

9

10

11

12

13

14

15

16

A

TEIL I - VERSTEHEN

Was Krisen wirklich sind -
und warum sie zum Leben dazugehören

1. Das Prinzip Krise

- Was eine Krise ausmacht
- Warum Systeme kippen - innerlich wie äußerlich
- Der Unterschied zwischen Problem, Übergang und echter Krise

2. Krisen als Prüfstein des Menschen

- Historische Beispiele (Friedrich II, Unternehmen, Gesellschaften)
- Was bleibt, wenn die Hülle fällt?
- Der Wert des Charakters in schwierigen Zeiten

3. Innere Klarheit als Schlüssel

- Was passiert, wenn alles unsicher wird?
- Geistige Unordnung, emotionale Überforderung
- Der stille Weg zur inneren Struktur
- Familiendynamiken - Wie Prägungen unser Leben mitbestimmen
- Eine Geschichte, wie sie viele erlebt haben - und doch einzigartig bleibt
- Was Du selbst tun kannst - und warum oft schon ein Perspektivwechsel genügt.

4. Der gesellschaftliche Kontext

- Zyklen, Narrative, kollektive Orientierungslosigkeit
- Medienlogik und Dauererregung
- Warum innere Ruhe heute eine radikale Kraft ist

Kapitel 1: Das Prinzip Krise

Es gibt Phasen im Leben, da passt nichts mehr so recht zusammen. Die Gedanken kreisen, der Schlaf wird unruhig, frühere Sicherheiten verblassen. Genau in solchen Momenten – wenn wir uns selbst nicht mehr ganz verstehen und die Welt um uns herum aus den Fugen gerät – sprechen wir oft von einer „Krise". Doch was bedeutet das eigentlich?

In den folgenden drei Kapiteln wirst Du eingeladen, einen tieferen Blick auf das Phänomen „Krise" zu werfen – jenseits der medialen Alarmrhetorik und jenseits der Alltagsfloskeln. Es geht nicht darum, Begriffe zu definieren, sondern innere Klarheit zu schaffen: Woran erkenne ich, dass ich in einer echten Krise stecke – und was bedeutet das für mich?

Kapitel 1.1: Was eine Krise ausmacht

Im ersten Abschnitt nähern wir uns dem Wesen der Krise selbst. Was macht eine Krise zur Krise – und nicht bloß zu einem Ärgernis? Warum erleben wir sie oft als Kontrollverlust, obwohl sie uns in Wahrheit einen Spiegel vorhält? Und warum ist gerade diese Ehrlichkeit so wertvoll, auch wenn sie weh tut?

Kapitel 1.2: Warum Systeme kippen – innerlich wie äußerlich

Krisen sind selten plötzliche Einbrüche. Meist sind sie die Folge überdehnter Systeme – innerlich wie äußerlich. Dieses Kapitel zeigt auf, warum Menschen, Organisationen und Gesellschaften an Kipppunkte gelangen, was sich im Vorfeld ankündigt und was passiert, wenn man zu lange wegschaut.

Kapitel 1.3: Der Unterschied zwischen Problem, Übergang und echter Krise
Nicht jeder Sturm ist ein Orkan. Und nicht jede Schwierigkeit verdient den Namen Krise. Wer sauber unterscheiden kann, verliert weniger Energie – und findet schneller zum Wesentlichen zurück. In diesem Kapitel lernst Du, was ein Problem, ein Übergang und eine echte Krise unterscheidet – und warum diese Unterscheidung so befreiend sein kann.

Diese drei Kapitel bilden das gedankliche Fundament für alles, was danach kommt. Sie laden ein, sich selbst neu zu beobachten – und eröffnen den Raum für eine innere Haltung, die nicht mehr nur reagiert, sondern versteht. Denn genau da beginnt jeder Weg aus der Krise: im aufrichtigen, ruhigen Blick auf das, was ist.

1.1 - Was eine Krise ausmacht

Krisen sind keine Störungen – sie sind Teil des Systems
Wenn etwas nicht mehr funktioniert, wie es bisher funktioniert hat, sprechen
viele vorschnell von einer „Krise". Doch dieser Begriff ist oft zu schnell bei der
Hand – und wird dadurch entwertet. Eine Krise ist nicht einfach nur eine schwierige Phase oder ein Ärgernis. Eine echte Krise ist ein Wendepunkt – ein Moment,
in dem Altes nicht mehr trägt und Neues noch nicht sichtbar ist.
In der Natur wie in der Geschichte ist die Krise ein notwendiger Bestandteil jedes
zyklischen Systems. Pflanzen brauchen den Herbst, um sich auf den nächsten
Frühling vorzubereiten. Alte Reiche stürzen, damit neue Ordnungen entstehen
können. Auch im persönlichen Leben ist die Krise oft nicht das Ende, sondern
der Punkt, an dem wir beginnen, bewusster zu leben – wenn wir es zulassen.

Die drei Merkmale einer echten Krise

Eine Krise lässt sich von einer bloßen Schwierigkeit durch drei zentrale Merkmale
unterscheiden:

1. **Verlust von Kontrolle**
   Die gewohnten Werkzeuge, Reaktionen oder Strategien greifen nicht mehr.
   Was gestern noch funktionierte, erzeugt heute keine Wirkung mehr. Der
   Mensch erlebt ein Gefühl von Kontrollverlust – und genau darin liegt das
   Potenzial.

2. **Zuspitzung eines inneren oder äußeren Konflikts**
   Krisen entstehen selten plötzlich. Oft haben sie eine lange Vorgeschichte –
   unterschwellige Unzufriedenheit, nicht getroffene Entscheidungen, aufge-
   schobene Wahrheiten. In der Krise spitzt sich das alles zu. Es wird sichtbar,
   was vorher schon da war.

3. **Zwang zur Neuorientierung**
   Die Krise zwingt uns, etwas zu verändern – nicht aus Lust, sondern aus
   Notwendigkeit. Wer diesen Impuls ignoriert, erlebt oft eine Verschärfung:
   beruflich, gesundheitlich, emotional. Wer ihn ernst nimmt, erlebt oft das
   Gegenteil: eine stille Form des Wachstums.

Krisen entlarven Illusionen

In der Krise fällt die Maske. Nicht nur bei anderen, sondern auch bei uns selbst. Plötzlich stellen wir fest, dass bestimmte Selbstbilder nicht mehr stimmen. Dass vermeintliche Sicherheiten brüchig waren. Dass wir zu lange auf Dinge gesetzt haben, die nie wirklich zu uns gepasst haben.

Das ist unbequem – aber auch heilsam. Eine Krise entlarvt. Sie zeigt uns, was wir sehen müssen, damit wir nicht auf Dauer im Irrtum leben. Oder wie es einmal jemand sagte:

„Die Krise ist der Moment, in dem der Spiegel nicht mehr lügt."

Krisen sind ehrlich – aber nicht bösartig

Viele erleben die Krise wie eine Strafe. Doch das ist ein Missverständnis. Die Krise meint es nicht „böse". Sie ist nur konsequent. Sie stellt uns vor eine Wahl: Weitermachen wie bisher – oder aufwachen, umdenken, neu ausrichten.

In dieser Radikalität liegt auch ihre Klarheit. Während der Alltag oft in Grautönen verläuft, ist die Krise in Schwarz-Weiß gemalt. Sie kennt kein Vielleicht, kein Später. Sie bringt uns zurück zur Wahrheit: Was ist wirklich wichtig? Was ist echt? Was trägt – auch im Sturm?

Warum viele Menschen Krisen heute nicht mehr aushalten

In einer Welt, die auf Bequemlichkeit, Sofortlösungen und emotionaler Betäubung aufgebaut ist, erscheinen echte Krisen wie ein Affront. Doch in Wahrheit zeigt sich daran nur, wie entwöhnt wir sind – von Schmerz, von Unsicherheit, von echter Selbstverantwortung.

Früher wurden Krisen oft im Stillen durchlebt. Man setzte sich ans Fenster, ging in den Wald, sprach mit einem Vertrauten. Heute ruft man lieber bei drei Hotlines an, startet eine Petition oder schaut stundenlang Videos. Das Problem: Die Krise bleibt – weil ihr eigentlicher Kern nicht berührt wurde.

Die Einladung der Krise

Und doch: Jede Krise enthält – in aller Härte – eine Einladung. Nicht zur Resignation, sondern zur Neuordnung. Nicht zur Flucht, sondern zum Innehalten. Wer diese Einladung erkennt, kann an seiner Krise nicht nur wachsen, sondern sich völlig neu ausrichten.

Am Ende ist die Krise oft kein Feind – sondern ein Prüfstein. Für Charakter. Für Klarheit. Für innere Wahrheit. Und genau deshalb beginnt dieses Buch hier.

1.2 - Warum Systeme kippen – innerlich wie äußerlich

Krisen sind selten ein plötzlicher Blitz aus heiterem Himmel. Viel häufiger sind sie der sichtbare Höhepunkt einer Entwicklung, die sich lange zuvor leise angekündigt hat. Sowohl in unserer Innenwelt als auch in gesellschaftlichen, wirtschaftlichen oder politischen Strukturen lassen sich Muster erkennen, die ein „Kippen" oft geradezu unvermeidlich machen – wenn man sie nicht rechtzeitig erkennt und gegensteuert.

Das Prinzip der Überdehnung

Jedes System – ob ein Organismus, ein Unternehmen oder ein Staat – hat eine natürliche Belastungsgrenze. Wird diese dauerhaft überschritten, beginnt es instabil zu werden. Was zunächst wie Erfolg aussieht – mehr Wachstum, mehr Geschwindigkeit, mehr Komplexität – kann ins Gegenteil kippen, wenn es nicht mehr tragfähig organisiert ist.

Auch im Inneren des Menschen geschieht das: Wer zu lange gegen die eigene Natur lebt, Erwartungen erfüllt, die nicht aus ihm selbst kommen, oder chronisch über seine Kräfte geht, erlebt irgendwann einen inneren Kollaps. Burnout, psychosomatische Beschwerden oder abrupte Lebensentscheidungen sind oft keine Schwächen, sondern Notbremsen eines überdehnten Systems.

Fehlende Korrekturimpulse

Systeme kippen, wenn sie sich selbst nicht mehr regulieren. In der Natur gibt es Rückkopplungen – ein zu hoher Energieverbrauch wird durch Erschöpfung gebremst, Überbevölkerung durch Nahrungsknappheit. In der modernen Welt jedoch neigen viele Systeme dazu, Warnsignale zu ignorieren oder zu unterdrücken.

Ein Unternehmen, das schlechte Zahlen schönt, eine Familie, die Konflikte über Jahre unter den Teppich kehrt, oder ein Mensch, der jede innere Unruhe mit Ablenkung betäubt – alle diese Systeme bewegen sich in eine Richtung, die sie langfristig schwächt. Sie werden unflexibel, blind für Veränderung, anfällig für plötzlichen Zusammenbruch.

Oft sind es nicht die äußeren Umstände, die ein System zu Fall bringen, sondern die Weigerung, sich ehrlich mit der Realität auseinanderzusetzen. Man redet sich die Welt schön, klammert sich an Routinen, ignoriert offensichtliche Risse im Fundament. Solange „es irgendwie noch geht", wird nicht gehandelt – bis der Punkt erreicht ist, an dem es eben nicht mehr geht.

Im Inneren des Menschen zeigt sich das genauso: Man lebt weiter in alten Bildern, auch wenn das Leben längst etwas anderes verlangt. Man hält Beziehungen, Jobs oder Überzeugungen aufrecht, die nicht mehr stimmen – aus Angst vor Veränderung oder aus falsch verstandenem Pflichtgefühl. Doch was nicht mehr echt ist, hält auf Dauer nicht. Und was nicht freiwillig losgelassen wird, bricht irgendwann von selbst weg.

Das Unausgesprochene wirkt stärker als das Sichtbare

In vielen Krisen ist das eigentlich Entscheidende lange vorher spürbar – aber nicht sichtbar. Man „fühlt", dass etwas nicht stimmt. Dass ein Mensch nicht ehrlich ist, dass ein Projekt nicht trägt, dass ein Kurs falsch ist. Doch weil es keine Beweise gibt, bleibt das Gefühl ohne Konsequenz.

Diese Ignoranz des Intuitiven ist gefährlich. Systeme kippen oft nicht wegen der sichtbaren Probleme, sondern wegen der verdrängten Wahrheit. Was unausgesprochen bleibt, arbeitet im Verborgenen weiter – und schafft eine Spannung, die irgendwann zu groß wird.

Kipppunkte erkennen – und ernst nehmen

Wer Systeme verstehen will, muss lernen, Kipppunkte zu erkennen. Das sind keine dramatischen Explosionen, sondern oft kleine, scheinbar nebensächliche Veränderungen: Ein Mensch zieht sich plötzlich zurück. Ein Unternehmen hat hohe Fluktuation. Eine Gesellschaft beginnt, Debatten zu unterdrücken. Ein innerer Unfriede wird chronisch.

Diese Zeichen ernst zu nehmen, erfordert Mut – und die Bereitschaft, sich einzumischen, bevor es kracht. Das gilt im Großen wie im Kleinen. Krisen kündigen sich an. Die Frage ist: Will ich hinschauen? Will ich Verantwortung übernehmen – für mich, mein Denken, mein Umfeld?

Stabilität entsteht durch Wahrheit

Am Ende kippen Systeme nicht, weil sie schwach sind – sondern weil sie zu lange **eine Lüge gelebt haben**. Stabilität entsteht nicht durch Kontrolle, sondern durch **Ehrlichkeit**. Wer bereit ist, regelmäßig zu hinterfragen, sich selbst zu prüfen, Feedback anzunehmen und **auf das eigene Gefühl zu hören**, baut ein System, das beweglich bleibt. Und nur bewegliche Systeme sind überlebensfähig.

Was für Unternehmen, Staaten und Ökosysteme gilt, gilt auch für das eigene Leben: Nicht die perfekte Fassade schützt vor Krisen, sondern die stille Bereitschaft, sich rechtzeitig zu korrigieren.

1.3 - Der Unterschied zwischen Problem, Übergang und echter Krise

Nicht alles, was sich unangenehm anfühlt, ist gleich eine Krise. Diese Unterscheidung ist entscheidend – nicht nur für die eigene Wahrnehmung, sondern auch für die innere Stabilität. Denn wer jede Unruhe sofort als Zusammenbruch deutet, verliert schneller den Halt, als nötig wäre. Umgekehrt kann die Verharmlosung einer echten Krise ebenso gefährlich sein. Es braucht ein geschultes Gespür – und ein ruhiges, klares Denken.

Das Problem – lösbar, konkret, oft technisch

Ein Problem ist ein Hindernis mit Lösungspotenzial. Es kann nervig, komplex oder langwierig sein – aber es bleibt in einem klar definierten Rahmen. Probleme sind meistens lösungsorientiert zu betrachten: Entweder man kennt den Weg zur Lösung schon, oder man kann ihn durch Recherche, Kreativität oder Hilfe von außen finden.

Beispiele:

- Eine Software funktioniert nicht wie erwartet

- Ein Streit mit einem Kollegen eskaliert

- Eine Rechnung kann nicht fristgerecht bezahlt werden

Probleme sind oft äußere Störungen, die das System zwar fordern, aber nicht grundsätzlich infrage stellen. Die Identität bleibt intakt, das System ist weiterhin funktionsfähig. Wer gelernt hat, mit Problemen konstruktiv umzugehen, gewinnt Selbstvertrauen – und baut innere Stabilität auf.

Der Übergang – instabil, aber oft fruchtbar

Übergänge sind Zwischenzustände. Es ist nicht mehr wie vorher, aber auch noch nicht wie nachher. Diese Phasen können anstrengend, verwirrend oder emotional aufreibend sein – vor allem, weil klare Strukturen fehlen und vieles im Ungefähren bleibt.

Typische Übergänge:

- Schulabschluss und Start ins Berufsleben
- Trennung von einem langjährigen Partner
- Umzug in eine neue Stadt
- Berufswechsel, auch freiwillig

Der Unterschied zur Krise liegt darin, dass ein Übergang nicht unkontrollierbar ist. Er ist fordernd, aber im Rahmen gestaltbar. Wer die Übergangsphase annimmt, kann aus ihr viel lernen – über sich, über seine Bedürfnisse, über neue Möglichkeiten. Viele Menschen entwickeln in solchen Phasen neue Stärken, die später tragfähig werden.

Die Krise – tiefgreifend, existenziell, nicht umkehrbar

Eine echte Krise geht tiefer. Sie erschüttert das Fundament. Sie stellt nicht nur einzelne Handlungen infrage, sondern oft den gesamten inneren Bezugsrahmen. Wer bin ich? Was will ich wirklich? Woran habe ich mich zu lange festgehalten?

Eine Krise ist nicht mehr steuerbar im herkömmlichen Sinn. Sie entzieht sich den gewohnten Lösungsmustern. Man fühlt sich, als sei man aus dem eigenen Leben geworfen worden. Und genau darin liegt ihre Kraft – wenn man sie aushält.

Typische Krisen:

- Der Verlust eines geliebten Menschen
- Plötzliche schwere Krankheit oder Unfall
- Zusammenbruch des bisherigen Lebensmodells (z. B. Insolvenz, Scheidung, Burnout)
- Tiefe Sinnkrise – wenn der „innere Antrieb" wegfällt

Die Krise zwingt zur Neuorientierung. Nicht, weil man es will, sondern weil man es muss. Wer in dieser Phase versucht, mit denselben Denkweisen wie vorher zu reagieren, scheitert oft – oder erschöpft sich. Erst ein innerer Perspektivwechsel bringt echte Bewegung: Weg vom Reagieren – hin zum Beobachten, Annehmen, Neugestalten.

Warum diese Unterscheidung so wichtig ist

Viele Menschen leben heute in einer Dauerverwechslung. Sie machen aus kleinen Problemen große Krisen – und bagatellisieren gleichzeitig echte Krisen, indem sie „einfach so weitermachen". Das führt zu einer permanenten inneren Erschöpfung. Die Fähigkeit, sauber zu unterscheiden, ist eine Grundlage für seelische Gesundheit.

Ein altes Prinzip aus der Führung lautet:

„Handle Probleme sachlich, begleite Übergänge menschlich, halte Krisen aus – bis sie sprechen."

Wer das versteht, geht gelassener durch das Leben. Und erkennt im richtigen Moment, wann es Zeit ist, zu handeln – und wann es Zeit ist, still zu werden.

Kapitel 2: Krisen als Prüfstein des Menschen

Krisen sind mehr als nur Störungen im gewohnten Ablauf. Sie sind Prüfsteine –
und manchmal auch Weckrufe. Wenn äußere Sicherheiten wegbrechen, zeigt
sich, worauf wir wirklich gebaut haben. Und oft zeigt sich dann auch: Es war
weniger, als wir dachten. Oder anders, als wir es uns eingeredet haben.

Viele Menschen begegnen einer Krise mit dem Wunsch, „dass es schnell wieder
wird wie vorher". Doch dieser Wunsch greift zu kurz. Denn in Wahrheit zeigt eine
Krise nicht nur Schwächen auf – sie offenbart auch Chancen: zur Klärung, zur
Reifung, zur inneren Neuausrichtung.

Dieses Kapitel lädt Dich ein, einen Schritt weiterzugehen. Weg von der Frage
„Wie komme ich hier schnell wieder raus?", hin zu der viel wichtigeren:

„Wer bin ich in dieser Krise – und wer will ich danach sein?"

Kapitel 2.1: Historische Beispiele

In vier eindrucksvollen Porträts beleuchten wir, wie sehr Persönlichkeit und Haltung über das Schicksal in der Krise entscheiden. Friedrich der Große mit seiner
inneren Disziplin, Helmut Schmidt mit nüchterner Klarheit, Willy Brandt mit
mutiger Offenheit – und Steve Jobs mit der Fähigkeit, aus dem Scheitern neue
Kraft zu schöpfen. Jeder von ihnen steht für eine andere Art, sich selbst treu zu
bleiben, wenn es ernst wird.

Kapitel 2.2 - Was bleibt, wenn die Hülle fällt?

Was passiert, wenn die äußeren Rollen verschwinden? Wenn Beruf, Ansehen,
Status, Beziehung oder Gesundheit wegbrechen – und nichts mehr bleibt,
woran man sich festhalten kann? Dieses Kapitel geht der Frage nach, was uns
wirklich trägt, wenn die Oberfläche bröckelt. Und zeigt, dass Leere kein Feind
sein muss – sondern auch ein Raum sein kann, in dem sich das Eigene neu formt.

Kapitel 2.3 - Der Wert des Charakters in schwierigen Zeiten

Charakter ist nicht laut, nicht spektakulär – aber in der Krise oft das Einzige, worauf man bauen kann. Dieses Kapitel beleuchtet, warum echte Haltung heute so
selten geworden ist – und doch unverzichtbar bleibt. Es zeigt, wie sich Charakter
bildet, warum er manchmal unbequem ist – und weshalb er genau deshalb gebraucht wird.

2.1 - Historische Beispiele großer Krisenmanager

Friedrich II. von Preußen, später „der Alte Fritz" genannt, ist eine der faszinie-
rendsten Gestalten der europäischen Geschichte. Kein glänzender Strahlemann,
kein populistischer Selbstdarsteller – sondern ein nachdenklicher, oft melancho-
lischer Mensch, der ausgerechnet in Krisen seine größte Klarheit entwickelte.
Sein Leben war nicht nur von politischem Geschick, sondern vor allem von einer
außergewöhnlichen inneren Disziplin geprägt.

Friedrich der Große - Ein König gegen die Zeit

Friedrichs Leben begann mit einer Krise – oder besser: mit einem Zerwürfnis.
Sein Vater, der militärisch geprägte „Soldatenkönig" Friedrich Wilhelm I., verach-
tete alles, was sein Sohn liebte: Musik, Philosophie, Poesie. Die Beziehung war
so zerrüttet, dass Friedrich in jungen Jahren versuchte zu fliehen – ein Schritt,
der beinahe mit dem Tod endete. Sein engster Freund, Hans Hermann von Katte,
wurde auf Befehl des Vaters hingerichtet – und Friedrich musste zusehen.

Diese frühe Erschütterung hinterließ Spuren. Sie zerstörte das romantische Bild
vom Leben – und ersetzte es durch eine innere Strenge, eine Art kalten Realis-
mus, die ihn sein Leben lang begleiten sollte. Aber gerade diese Erfahrung form-
te seinen Charakter: Statt in Selbstmitleid zu versinken, richtete er sich innerlich
auf. Nicht trotzig, sondern kontrolliert. Nicht resigniert, sondern wach.

Der Siebenjährige Krieg – Krisenführung in Reinform

Als Friedrich im Jahr 1756 den Siebenjährigen Krieg begann, war Preußen ein
vergleichsweise kleines Königreich, umgeben von Feinden: Österreich, Russland,
Frankreich. Es war ein klassisches Himmelfahrtskommando. Und tatsächlich
stand Friedrich mehrfach kurz vor der völligen Niederlage.

Er verlor große Teile seiner Armee, musste mehrere Rückzugsgefechte führen,
wurde militärisch eingeschlossen. Doch er ergab sich nicht. Stattdessen entwickelte er eine für seine Zeit beispiellose Strategie: Er setzte auf Beweglichkeit,
Überraschung, Konzentration der Kräfte – und auf die Kraft des Moments. Kein
blindes Draufhauen, sondern intelligentes Handeln mit begrenzten Mitteln.

Friedrich war kein Träumer, sondern ein Taktiker. Aber auch kein Zyniker – er glaubte an Ordnung, an Aufklärung, an das Gute im Menschen. In den dunkelsten Momenten seines Lebens – so etwa 1761, als sein Ende fast besiegelt schien – schrieb er keine Hassbotschaften. Sondern Briefe, in denen Klarheit, Würde und sogar eine gewisse Ironie mitschwangen.

Die berühmte „preußische Disziplin" war bei Friedrich kein kaltes Machtinstrument – sie war ein Mittel, um nicht unterzugehen. Er wusste: Wenn der Einzelne wankt, fällt das Ganze. Und deshalb hielt er sich – auch im Inneren – aufrecht.

Friedrichs Haltung: nüchtern, aber nicht herzlos

Was Friedrich in der Krise auszeichnete, war seine Fähigkeit zur Konzentration auf das Wesentliche. Keine emotionalen Ausschläge, keine dramatischen Reaktionen. Stattdessen: klare Einschätzungen, ruhige Entscheidungen – und eine tiefe Skepsis gegenüber Moden und Geschwätz. Er pflegte intensive Kontakte zu Denkern wie Voltaire, ließ sich aber nie vereinnahmen. Er war kein Revolutionär, aber auch kein Bewahrer um des Bewahrens willen. Er war ein Realist mit Ideal – und genau das machte ihn krisenfähig. Wer ihn verstehen will, muss sich lösen von der bloßen Rolle des Königs. Friedrich war in seinem Kern ein Suchender – einer, der wusste:

„Die größten Siege werden im Innern errungen."

Rückzug nach Sanssouci – Würde im Spätwerk

Nach dem Ende seiner großen politischen und militärischen Herausforderungen zog sich Friedrich mehr und mehr in seine Sommerresidenz Sanssouci zurück – ein Ort, der nicht dem Prunk diente, sondern der Ruhe, der Reflexion, dem Maß. Er lebte dort einfach, beinahe asketisch, umgeben von Büchern, Hunden und Musik. Keine große Bühne, keine Öffentlichkeit. Es war ein stiller Rückzug – aber kein Rückzug aus dem Leben. Friedrich sah dem Alter und dem Tod mit einer Würde entgegen, die heute selten geworden ist. Er hielt nichts von übertriebener Angst oder sentimentaler Verklärung. Für ihn war der Tod keine Katastrophe, sondern ein natürlicher Abschluss. In einem seiner Briefe schreibt er nüchtern:

„Die Menschen fürchten den Tod, weil sie nie gelernt haben, zu leben."

Diese Haltung zeigt, wie tief sein Krisenverständnis ging: Wer gelernt hat, sich selbst zu führen – auch in Stille, auch im Rückzug – der verliert nicht die Haltung, selbst wenn alles um ihn herum vergeht.

Er ließ sich nach seinem Tod – gegen alle Konventionen – in Sanssouci beisetzen, bei seinen geliebten Hunden, fernab der Staatsgräber. Kein Denkmal für die Nachwelt, sondern ein Ort der stillen Konsequenz. Vielleicht war dieser letzte Entschluss sein stärkstes Zeichen: Auch im Tod die eigene Linie halten – leise, aber unerschütterlich.

Helmut Schmidt – Klarheit in der Katastrophe

Als Helmut Schmidt im Jahr 1974 Bundeskanzler wurde, stand die Bundesrepublik bereits unter massivem Druck: Wirtschaftskrise, Ölpreisschock, Inflationsängste. Nur wenige Jahre später erreichte die Krise mit der RAF-Terrorwelle einen Punkt, an dem viele Regierungen ins Wanken geraten wären. Doch Schmidt blieb – nicht trotz, sondern wegen der Krise – der Fels in der Brandung.

Was ihn auszeichnete, war nicht Charisma im klassischen Sinne, sondern eine geistige Disziplin, die er sich als Offizier, Ökonom und späterer Politiker hart erarbeitet hatte. Er war kein Verführer, sondern ein nüchterner Analytiker. Kein Schönredner, sondern ein Klarsprecher. Und genau das machte ihn in Krisenzeiten so glaubwürdig: Er sprach die Wahrheit – auch wenn sie unbequem war.

Sturmflut 1962 – Führung im Ernstfall

Sein vielleicht eindrucksvollstes Beispiel für krisenfestes Handeln liegt sogar vor seiner Kanzlerschaft: die Hamburger Sturmflut von 1962. Damals war Schmidt Innensenator in Hamburg – und innerhalb kürzester Zeit mit einer Katastrophe konfrontiert, die hunderte Menschenleben kostete und ganze Stadtteile überflutete.

Während andere noch diskutierten, handelte Schmidt. Er ignorierte bürokratische Hürden, setzte sich über Zuständigkeitsgrenzen hinweg und ließ kurzerhand die Bundeswehr zur Hilfe rufen – ohne rechtliche Grundlage, aber mit klarer Verantwortung. Es war ein Verstoß gegen das Grundgesetz. Und zugleich ein Akt höchster Führungskunst.

Bis heute gilt sein Verhalten als Paradebeispiel dafür, was es bedeutet, in Krisen nicht abzuwarten, sondern klug und beherzt zu handeln – in voller Kenntnis der Konsequenzen. Er übernahm nicht nur Führung – er verkörperte sie.

Die RAF-Krise – Haltung unter Druck

Während der sogenannten „Deutschen Herbst"-Phase 1977 wurde Schmidt mit einer innenpolitischen Bedrohung konfrontiert, die seinesgleichen suchte: Die Rote Armee Fraktion entführte den Arbeitgeberpräsidenten Hanns-Martin Schleyer, ermordete ihn später, entführte ein Passagierflugzeug nach Mogadischu und stellte politische Forderungen, die kaum lösbar erschienen.

Schmidt entschied sich – mit schwerem Herzen – gegen die Forderungen. Kein Deal mit Terroristen. Kein Einknicken. Diese Entscheidung hat ihn persönlich schwer belastet. Er wusste, was auf dem Spiel stand. Und doch war seine Haltung klar: Der Staat darf sich nicht erpressbar machen. Auch nicht in der Stunde größter emotionaler Versuchung.

Im Nachhinein wurde seine Entscheidung oft diskutiert, aber selten bezweifelt. Denn was Schmidt in dieser Phase zeigte, war nicht politische Taktik – sondern echte Staatskunst. Und eine tiefe Form der Verantwortungsethik, wie Max Weber sie beschrieben hat: Nicht danach fragen, was man will, sondern was man tragen kann.

Krise als Ernstfall für Charakter

Was Friedrich der Große in uniformierter Disziplin war, war Helmut Schmidt in ziviler Klarheit: ein Mensch, der nicht wankte, als viele es taten. Der nicht laut wurde, aber deutlich. Der nicht glänzte, aber wirkte. Und vor allem: Einer, der nicht sich selbst zum Maßstab machte – sondern das Ganze.

Sein späteres Leben als Publizist, Denker und Elder Statesman war geprägt von einer ruhigen Form des Rückblicks. Er war nie versöhnt mit allem, aber versöhnt mit sich selbst. Und das ist vielleicht der stärkste Satz, den man über jemanden in der Rückschau sagen kann.

Willy Brandt – Mut zur Öffnung, Mut zur Ohnmacht

Willy Brandt war kein typischer Machtpolitiker. Er war ein Mensch, der für viele Projektionsfläche war – Hoffnungsträger, Symbolfigur, innerer Kompass einer neuen Generation. Und gerade deshalb wurde er in Krisenzeiten oft unterschätzt. Seine Form von Stärke war nicht die des Durchgreifens – sondern die der inneren Bewegung, der emotionalen Intelligenz, der vorausschauenden Politik.

Seine wohl größte politische Leistung: die Entspannungspolitik gegenüber dem Osten. In einer Zeit, in der der Kalte Krieg auf Konfrontation, Drohgebärden und gegenseitige Aufrüstung setzte, ging Brandt einen anderen Weg: Annäherung durch Wandel – ein Weg, der nicht nur Mut, sondern auch eine tiefe innere Stabilität verlangte.

Die Ostverträge – und der ständige Gegenwind

Mit den Ostverträgen suchte Brandt gezielt das Gespräch mit der DDR, mit Polen, mit der Sowjetunion – nicht aus Naivität, sondern aus klarem Kalkül: Frieden entsteht nicht durch Sieg, sondern durch Verständigung. Diese Politik wurde scharf kritisiert – von innenpolitischen Gegnern, von konservativen Medien, selbst von Teilen der eigenen Partei.

Und dennoch hielt er Kurs. Nicht trotzig, sondern mit Haltung. Er wusste, dass der Weg der Versöhnung länger dauert als der der Abschreckung. Aber er war bereit, das auszuhalten – nicht zuletzt, weil er wusste, was Krieg bedeutet. Als junger Mann war er vor den Nazis geflüchtet, hatte das Grauen erlebt. Seine Entspannungspolitik war kein akademisches Ideal – sie war gelebte Konsequenz aus eigener Erfahrung.

Ein Bild, das bis heute bleibt: der Kniefall von Warschau im Dezember 1970. Kein Wort, keine Geste der Überlegenheit – nur ein Mensch, der im Angesicht eines jüdischen Mahnmals niederkniet. Ohne Pathos, ohne politische Berechnung. Eine stille, aber weltbewegende Handlung. Und ein Ausdruck echter innerer Größe – gerade in einem Moment höchster politischer Anspannung.

Die Guillaume-Affäre – ein Kanzler stürzt

Doch Brandt war nicht nur Symbol des Aufbruchs – er wurde auch Opfer eines der größten politischen Skandale der Bundesrepublik. 1974 wurde bekannt, dass sein enger Mitarbeiter Günter Guillaume ein DDR-Spion war. Für viele ein eiskalter Verrat. Für Brandt war es mehr: eine tiefe persönliche Krise, eine Erschütterung des Vertrauens.

Obwohl ihn viele zum Weitermachen drängten, trat er zurück. Nicht aus Schwäche – sondern aus einem tiefen inneren Verantwortungsgefühl. Er hatte das Gefühl, dass sein Amt beschädigt war, dass seine Autorität untergraben war – und dass er nicht an sich festhalten dürfe, wenn das Ganze Schaden nimmt.

„Ich bin der letzte Kaiser von Weimar", sagte er später einmal – mit einer Mischung aus Melancholie und Klarheit.

Sein Rücktritt war eine der seltenen politischen Gesten, die nicht aus Druck, sondern aus Überzeugung geschahen. Und gerade darin zeigte sich seine wahre Größe: loslassen können, wenn es Zeit ist. Würde in der Niederlage. Haltung im Verlust. Kein Zorn, kein Selbstmitleid – sondern der stille Abgang eines Mannes, der sein Land verändert hatte.

Brandts Vermächtnis: Krisen als Bruch – und als Brücke

Willy Brandt war kein Technokrat. Kein Macher im klassischen Sinne. Aber er war ein Mensch mit Kompass, mit Tiefgang, mit der Fähigkeit, Brüche zu erkennen – und sie zu nutzen. Seine Stärke lag nicht im Widerstand gegen den Wandel, sondern in der Einbettung des Wandels in eine größere Idee: Frieden, Menschlichkeit, Offenheit.

Auch nach seinem Rücktritt blieb er politisch aktiv, vor allem international. Er setzte sich für den Nord-Süd-Dialog ein, für globale Gerechtigkeit, für die Verantwortung der Industriestaaten. In gewisser Weise wurde er nach der Krise größer als vorher – weil er gezeigt hatte, dass Rückzug kein Scheitern sein muss, sondern ein Zeichen von Klarheit.

Steve Jobs – Rückschläge als Treibstoff

Steve Jobs war ein Phänomen. Als Mitgründer von Apple veränderte er die Art, wie Menschen mit Technologie umgehen – und doch verlief seine Karriere keineswegs geradlinig. Im Gegenteil: Sie war geprägt von massiven Brüchen, persönlichen Niederlagen und tiefen Krisen. Was ihn auszeichnete, war nicht ein durchgehender Erfolg – sondern die Fähigkeit, nach einem Fall stärker zurückzukommen als zuvor.

Vom Wunderkind zum Gescheiterten – und wieder zurück

Die wohl bekannteste Krise seines Lebens: 1985 wurde Jobs aus dem eigenen Unternehmen gedrängt. Apple war zu groß, zu komplex geworden – und Jobs galt intern als unberechenbar, schwierig, zu visionär für das operative Tagesgeschäft. Man ersetzte ihn durch „professionelles Management". Ein Tiefpunkt. Nicht nur beruflich – auch persönlich. Für Jobs war Apple nicht irgendeine Firma. Es war sein Lebenswerk.

Später sagte er über diese Zeit:

„Es war das Beste, was mir je passieren konnte. Die Last des Erfolgreichen wich der Leichtigkeit des Neuanfängers."

Diese Haltung ist bemerkenswert. Kein Selbstmitleid, keine Abrechnung. Stattdessen: Fokus auf den Neubeginn. Jobs gründete zwei neue Firmen – NeXT und Pixar – und begann, sich neu zu erfinden.

Die Rückkehr – mit neuer innerer Struktur

Als er 1997 zu Apple zurückkehrte, war nichts mehr wie zuvor. Jobs war nicht mehr der impulsive Rebell von einst. Er war gereift. Klarer. Strategischer. Und zugleich radikaler in seiner Vision: Er baute Apple von Grund auf um. Strich das Produktportfolio drastisch zusammen. Führte Design, Technik und Nutzererlebnis in einer Weise zusammen, die den Markt revolutionierte.

Was viele übersehen: Diese Rückkehr war keine Fortsetzung der alten Geschichte, sondern eine ganz neue Geschichte – geboren aus der Krise. Aus dem Scheitern. Aus der Reflexion.

Jobs hatte in dieser Phase gelernt, was wirklich zählt: Klarheit, Fokus, Exzellenz. Und: den Mut, auch bei Widerstand die eigene Vision zu halten. Er sprach oft davon, dass Menschen zu viel Angst haben, Dinge zu hinterfragen – selbst dann, wenn sie nicht mehr funktionieren.

Krisen als Reiniger des Denkens

Jobs sah Krisen nie als störend, sondern als Filter. Sie halfen ihm, Ballast abzuwerfen, Prioritäten zu erkennen, falsche Kompromisse zu vermeiden. Viele seiner bekanntesten Aussagen haben diesen Geist:

„Der Tod ist wahrscheinlich die beste Erfindung des Lebens. Er ist der Agent des Wandels."

Er meinte das nicht makaber. Sondern zutiefst ernst. Für ihn war Vergänglichkeit ein Antrieb zur Klarheit. Er lebte mit dem Bewusstsein, dass Zeit begrenzt ist – und dass diese Erkenntnis nicht lähmen, sondern befreien kann.

Jobs erkrankte später an Krebs und kämpfte über Jahre gegen die Krankheit – auch das mit einer Mischung aus Würde, Sturheit und Selbstverantwortung. In seiner legendären Stanford-Rede sagte er:

„Deine Zeit ist begrenzt – also verschwende sie nicht damit, das Leben eines anderen zu leben."

Das ist mehr als ein Kalenderspruch. Es ist die Essenz dessen, was ihn in Krisen trug: Der Mut, seinen eigenen inneren Weg zu gehen – auch wenn er unbequem, unsicher, unpopulär war.

Das Vermächtnis: Klarheit, Fokus, Selbstführung

Steve Jobs war kein einfacher Mensch. Und kein fehlerloser Held. Aber er war jemand, der aus jeder Krise eine neue Klarheit zog. Nicht als Pose, sondern als gelebte Haltung. Er zeigt, dass Krise nicht bedeutet, alles zu verlieren – sondern die Chance, das Wesentliche zu entdecken.
In einer Welt voller Ablenkung und Betriebsamkeit ist sein Weg ein Kontrapunkt: Weniger machen. Besser machen. Und vor allem: bei sich bleiben. Auch – und gerade – in der Krise.

Wichtige Zitate von Steve Jobs

„Habe den Mut, deinem Herzen und deiner Intuition zu folgen. Irgendwie wissen sie schon, was du wirklich werden willst."

„Der einzige Weg, großartige Arbeit zu leisten, ist, zu lieben, was man tut."

„Erinnere dich daran, dass du sterben wirst – das ist der beste Weg, den ich kenne, um die Angst zu verlieren, etwas zu verlieren."

„Fokus bedeutet Nein zu sagen."

„Bleib hungrig. Bleib verrückt."

Kapitel 2.2 - Was bleibt, wenn die Hülle fällt?

Wenn das, worauf man sich jahrelang gestützt hat, plötzlich nicht mehr trägt, entsteht ein Moment der Leere. Man verliert einen Job, einen Menschen, eine Rolle – oder vielleicht nur das innere Bild davon, wer man selbst ist. Und genau in diesem Moment, wenn das Alte nicht mehr da ist und das Neue noch nicht greifbar, stellt sich eine Frage, die man sich im Alltag selten stellt: Wer bin ich eigentlich, wenn alles Äußere wegfällt?

Diese Frage wirkt zunächst wie eine Bedrohung. Aber in Wahrheit ist sie ein Prüfstein – vielleicht der wichtigste überhaupt. Denn viele Menschen definieren sich über ihre Hülle: den Beruf, den Partner, den Status, die Routine, den Besitz. All das gibt Struktur. Aber es ist nicht das Selbst. Wenn die Hülle fällt, zeigt sich, ob darunter etwas Eigenes gewachsen ist – oder ob dort nur die Angst vor der Leere wohnt.

Hülle ist nicht gleich Inhalt

Es ist verständlich, dass Menschen an äußeren Formen festhalten. Die Hülle bietet Schutz, Anerkennung, Orientierung. Und doch: Wenn man sich zu lange mit ihr identifiziert, wird sie zur Falle. Der Manager, der ohne seine Funktion nicht weiß, wer er ist. Die Mutter, die sich nach dem Auszug der Kinder leer fühlt. Der Selbstständige, der sich über seine Kunden definiert – und ohne sie in Sinnlosigkeit versinkt.

Diese Leere ist schmerzhaft. Aber sie ist kein Feind. Sie ist die Einladung, sich selbst auf neue Weise kennenzulernen. Ohne Maske. Ohne Funktion. Ohne Rolle. Viele berichten, dass sie sich erst in solchen Momenten wirklich begegnet sind – nicht mehr im Außen, sondern im Innen.

Wenn sich das Selbstbild auflöst

In der Krise zerbricht oft nicht nur das Außen, sondern auch das Innenbild, das man sich von sich selbst gemacht hat. „Ich bin jemand, der gebraucht wird." „Ich bin jemand, der immer funktioniert." „Ich bin jemand, der nicht versagt." All das kann mit einem einzigen Ereignis ins Wanken geraten.

Und das ist kein Fehler. Es ist ein Entwicklungsschritt. Denn echte Identität entsteht nicht durch Selbstbilder, sondern durch Selbstbegegnung. Nicht durch das, was man über sich denkt – sondern durch das, was bleibt, wenn das Denken still wird.

In dieser Stille beginnt oft eine neue Art von Wahrnehmung: Man erkennt, was man wirklich braucht – und was nicht. Was man lange nur für andere getan hat. Und was einen tief im Innersten wirklich ausmacht.

Die Hülle darf fallen, wenn das Innere bereit ist

Es gibt Menschen, die alles verlieren – und daran zerbrechen. Und es gibt Menschen, die alles verlieren – und daran wachsen. Der Unterschied liegt nicht im Ereignis. Sondern in der inneren Substanz. Wer vorher nie gelernt hat, mit sich allein zu sein, wird die Leere als Vernichtung erleben. Wer sich innerlich schon einmal begegnet ist, erlebt sie als Befreiung.

Deshalb ist es so wertvoll, sich schon vor der Krise mit sich selbst zu beschäftigen. Nicht, um sich abzusichern – sondern um einen inneren Raum aufzubauen, der auch dann noch trägt, wenn das Außen nicht mehr verfügbar ist.

Wahre Stabilität kommt von innen

Ein Mensch, der weiß, was er ist – ohne seine Hülle –, ist frei. Nicht unabhängig im äußeren Sinne, aber innerlich souverän. Er kann loslassen, ohne sich zu verlieren. Er kann Rollen verlassen, ohne in Bedeutungslosigkeit zu stürzen. Er kann lieben, ohne sich aufzugeben. Und genau das macht ihn krisenfest.

Denn wenn alles fällt, bleibt nicht das, was man hatte –

sondern das, was man ist.

Kapitel 2.3 - Der Wert des Charakters in schwierigen Zeiten

In ruhigen Zeiten lässt sich vieles leicht überspielen. Freundlichkeit kann gespielt sein, Disziplin antrainiert, Großzügigkeit strategisch. Doch in der Krise fallen diese Masken. Plötzlich zeigt sich, wer wirklich trägt – und wer nur getragen wurde. Der Charakter eines Menschen tritt in den Vordergrund – nicht laut, sondern durch Verhalten, durch Haltung, durch innere Ordnung. In schwierigen Zeiten wird deutlich: Charakter ist kein Schmuck – er ist das Fundament.

Wenn man nichts mehr zu verlieren hat – und alles zu zeigen beginnt

Eine Krise konfrontiert uns mit Extremsituationen: Verlust, Kontrollabgabe, Ohnmacht, Druck. Wer nur durch äußere Rollen stabil war, verliert in solchen Momenten den Boden. Wer jedoch auf einem gewachsenen Inneren steht, zeigt nun Qualitäten, die vorher vielleicht unsichtbar waren: Gelassenheit, Verlässlichkeit, Klarheit, Mitgefühl.

Manche Menschen werden in der Krise kleiner. Andere werden echter. Nicht unbedingt lauter oder aktiver – aber auf eine stille Weise präsenter. Es ist, als ob etwas durch sie hindurch spricht, das tiefer reicht als jedes Konzept: Gewissen. Würde. Integrität.

Charakter zeigt sich nicht in der Meinung, sondern im Verhalten

In unserer Zeit ist Meinung allgegenwärtig. Jeder hat eine, jeder äußert sie, jeder diskutiert über die Meinung des anderen. Doch in der Krise zählt nicht, was jemand sagt – sondern, was er tut. Wer bleibt ruhig, wenn andere laut werden? Wer hört zu, wenn alle schreien? Wer denkt nach, wo andere sofort reagieren? Charakter ist das, was bleibt, wenn kein Applaus mehr da ist. Wenn keine Bühne mehr bleibt. Wenn man sich selbst begegnet – und sich nicht schämen muss. Und das ist nicht selbstverständlich.

Warum Charakter oft unbequem ist – und trotzdem gebraucht wird

Charaktermenschen sind nicht immer beliebt. Sie widersprechen, wo andere mitlaufen. Sie schweigen, wo andere sich inszenieren. Sie handeln nach inneren Maßstäben – nicht nach Meinungsumfragen. Und genau deshalb sind sie in Krisen so wertvoll. Sie sind verlässlich, nicht berechnend. Sie denken langfristig, nicht taktisch. Sie tragen Verantwortung – nicht, weil sie müssen, sondern weil sie es für richtig halten.

Das gilt im Privaten wie im Beruflichen, in der Politik wie im Alltag. Und gerade in einer Welt, die auf Sicht fährt, sind Menschen mit Tiefgang rar – aber lebenswichtig.

Charakter kann man nicht kaufen – aber entwickeln

Charakter ist nichts, was man besitzt wie ein Titel oder ein Zertifikat. Er wächst mit Entscheidungen. Mit kleinen, oft unbequemen Schritten. Mit der Frage: Was tue ich, wenn niemand hinschaut? Wem bin ich wirklich verpflichtet? Und was ist für mich nicht verhandelbar, selbst wenn es unbequem wird?

Jeder Mensch hat die Möglichkeit, Charakter zu entwickeln. Nicht über Nacht, nicht auf Knopfdruck – sondern durch bewusstes Leben. Durch Haltung. Durch das Durchstehen kleiner eigener Krisen. Denn jedes Mal, wenn man etwas durchsteht, ohne sich zu verbiegen, wächst etwas Echtes im Innern.

Charakter ist ein stilles Versprechen an sich selbst

Am Ende trägt uns nicht das, was wir erreicht haben, sondern das, was wir geworden sind. Charakter ist das, was übrig bleibt, wenn niemand mehr zuschaut. Und das, was einen Menschen vertrauenswürdig macht – gerade, wenn alles andere wankt.
In einer Zeit voller Rollen, Reizüberflutung und Reaktionsschnelligkeit ist Charakter fast altmodisch geworden. Doch wer ihn kultiviert, merkt schnell: Er ist nie aus der Zeit gefallen. Er ist nur seltener geworden. Und umso wertvoller.

Kapitel 3 - Innere Klarheit als Schlüssel

Die größte Unsicherheit beginnt nicht im Außen – sondern im Inneren. Wenn äußere Krisen das gewohnte Leben erschüttern, ist das zunächst sichtbar, greifbar, vielleicht sogar dramatisch. Doch das eigentliche Erdbeben findet oft später statt: in uns selbst. Plötzlich wanken die Gedanken, die Gefühle, das Vertrauen in die eigene Wahrnehmung. Das Denken wird unklar, die Emotionen übermächtig, die Orientierung geht verloren.

In diesen Momenten zeigt sich: Es reicht nicht, äußere Probleme zu lösen. Es braucht eine innere Klarheit, die nicht von Umständen abhängig ist. Eine Klarheit, die nicht aus Kontrolle entsteht, sondern aus einem bewussten, ruhigen Blick auf das, was ist. Und aus der Bereitschaft, sich nicht nur mit der Welt, sondern auch mit sich selbst ehrlich auseinanderzusetzen. Dieses Kapitel widmet sich genau dieser inneren Arbeit – nicht als Ideal, sondern als Weg. Schritt für Schritt, ohne Druck, aber mit Tiefgang.

Was passiert, wenn alles unsicher wird? Der Einstieg in **Kapitel 3.1** beginnt mit dem inneren Erleben von Unsicherheit. Was passiert, wenn die bisherigen Bezugspunkte verschwinden? Wie fühlt es sich an, wenn das eigene Denken keinen Halt mehr bietet? Und wie kann man in dieser Unsicherheit erste Anzeichen von Orientierung finden – nicht im Außen, sondern im eigenen Erleben?

Kapitel 3.2 – Geistige Unordnung, emotionale Überforderung: In der zweiten Stufe zeigen sich die typischen Begleiterscheinungen einer inneren Krise: Gedanken kreisen, Gefühle überlagern sich, der Alltag wird mühsam. Dieses Kapitel beschreibt, was im Inneren konkret geschieht – und warum viele gewohnte Reaktionen (Ablenkung, Verdrängung, Funktionieren) langfristig nicht weiterhelfen. Es zeigt, dass gerade in dieser Überforderung der Keim für neue Ordnung liegt – wenn man bereit ist, ihr Raum zu geben.

Kapitel 3.3 – Der stille Weg zur inneren Struktur: Der letzte Abschnitt dieses Kapitels zeigt, wie innere Ordnung wieder entstehen kann – nicht durch Druck, sondern durch kleine, bewusste Schritte. Es geht um Rituale, Selbstkontakt, Aufräumen – innen wie außen. Und um die Kraft der Wahrhaftigkeit als neues inneres Zentrum. Keine Techniken. Kein „höher, schneller, besser". Sondern stille Präsenz. Die vielleicht wichtigste Ressource in einer Welt, die aus dem Takt geraten ist.

3.1 Was passiert, wenn alles unsicher wird?

Es gibt Momente im Leben, in denen die gewohnten Bezugspunkte verschwinden: ein sicher geglaubter Job geht verloren, eine Beziehung endet, eine Diagnose stellt alles infrage, was bisher selbstverständlich schien. Manchmal geschieht das abrupt. Manchmal schleichend. Aber immer hinterlässt es ein Gefühl, das sich kaum beschreiben lässt – eine Mischung aus Leere, Überforderung und stiller innerer Unruhe.

Wenn alles unsicher wird, verliert der Mensch etwas, das er tief in sich braucht: Orientierung. Nicht nur auf der Landkarte des Lebens, sondern auch im Inneren. Plötzlich weiß man nicht mehr, wo oben und unten ist. Entscheidungen, die früher leicht fielen, werden schwer. Die Gedanken kreisen. Der Schlaf wird leichter – oder verschwindet ganz. Das Vertrauen in die eigene Wahrnehmung beginnt zu bröckeln.

Sicherheit ist oft nur geliehen – und doch lebenswichtig

Wir alle leben mit einem gewissen Grundgefühl von Sicherheit. Es muss nicht begründet sein – aber es wirkt. Es entsteht aus Routinen, sozialen Beziehungen, äußeren Strukturen. Und solange dieses Sicherheitsgefühl da ist, bewegt sich der Mensch relativ frei. Er kann planen, sich orientieren, Entscheidungen treffen. Doch das Tragische ist: Diese Sicherheit ist oft nur eine Hülle. Ein Rahmen, der hält – bis er es nicht mehr tut. Die meisten Menschen erleben das irgendwann: ein Ereignis, das zeigt, dass das Leben nicht planbar ist. Dass alles, was sicher schien, eben doch nicht sicher war.
Und genau dann wird die Frage existenziell: Was trägt mich, wenn das Äußere mich nicht mehr hält?

Innere Unruhe als Folge äußerer Auflösung

Wenn äußere Sicherheiten wegbrechen, entsteht fast immer ein inneres Ungleichgewicht. Der Mensch verliert nicht nur seine Ordnung im Außen – er verliert auch das Vertrauen in seine eigene Wahrnehmung. Plötzlich wird alles infrage gestellt: die eigenen Entscheidungen, der bisherige Lebensweg, manchmal sogar das Selbstbild.

Diese Unsicherheit kann lähmen. Sie kann aber auch zur tiefsten Klarheit führen – wenn man ihr nicht ausweicht. Wer versucht, Unsicherheit sofort zu „lösen", zu überspielen oder zu betäuben, verschiebt die Krise nur. Wer ihr aber begegnet, lernt, eine neue innere Ordnung zu entwickeln: nicht durch Kontrolle, sondern durch Erkenntnis.

Zwischen Angst und Aufbruch

Unsicherheit erzeugt Angst – das ist normal. Der Mensch ist auf Stabilität programmiert. Doch Angst ist nicht immer der Feind. Sie zeigt an, dass etwas Wichtiges auf dem Spiel steht. Dass der nächste Schritt nicht automatisch erfolgen kann. Und dass man bewusst hinschauen muss.

Viele Wendepunkte im Leben beginnen nicht mit einem klaren Ziel, sondern mit Unsicherheit. Wer lernt, dieses Feld auszuhalten – statt es zu fliehen – erfährt oft eine neue Form von Selbstkontakt. Eine Tiefe, die im normalen Funktionieren nicht erreichbar ist.

Wenn alles unsicher ist, beginnt etwas Neues

Manche Menschen beschreiben rückblickend, dass sie in den unsichersten Phasen am meisten über sich selbst gelernt haben. Nicht sofort. Nicht linear. Aber irgendwann. Sie berichten davon, wie sich plötzlich eine neue innere Stimme meldete. Wie alte Muster infrage gestellt wurden. Wie sich ein leiser, aber echter Weg auftat – nicht laut, nicht schnell, aber stimmig.

In der Unsicherheit zeigt sich, ob man bereit ist, mit dem eigenen Leben in echten Kontakt zu treten. Nicht mehr zu funktionieren – sondern zu verstehen. Nicht mehr zu beeindrucken – sondern zu hinterfragen. Nicht mehr zu kontrollieren – sondern zu spüren, was wirklich dran ist.

3.2 Geistige Unordnung, emotionale Überforderung

Wenn die gewohnten Sicherheiten verschwinden, beginnt es oft im Kopf. Die Gedanken geraten durcheinander, verlieren ihren roten Faden. Innere Klarheit wird abgelöst von Gedankenschleifen, Grübelei, Überinterpretation. Was früher einfach erschien, wird kompliziert. Und was vorher klar war, verschwimmt. Es ist, als ob das eigene Denken plötzlich gegen einen arbeitet.

Gleichzeitig meldet sich das Gefühl – aber nicht als wohlgeordnete, differenzierte Stimme. Sondern als diffuse Welle: Angst, Reizbarkeit, Tränen, Rastlosigkeit, Rückzug. Der Mensch ist innerlich überladen. Nicht, weil zu viel passiert – sondern weil er nicht mehr weiß, wie er das, was passiert, sortieren soll.

Wenn Gedanken nicht mehr führen, sondern kreisen

Die erste Stufe der geistigen Unordnung ist oft nicht dramatisch. Sie beginnt mit kleinen Dingen: Konzentrationsprobleme, Gedankensprünge, ständiges Hinterfragen. Doch wenn das Fundament wankt, kommt Bewegung in alles – auch in das Denken. Der Verstand verliert seine Führungsrolle und wird zum Getriebenen.

Man stellt sich Fragen, auf die es keine sofortige Antwort gibt. Man grübelt über längst Vergangenes. Man will „es verstehen" – aber das Denken ist kein Werkzeug mehr, sondern ein Verstärker der Unsicherheit. Es entsteht ein paradoxes Phänomen: Je mehr man denkt, desto weniger kommt man weiter.

Emotionen als Störsignal – oder Wegweiser

Parallel zur geistigen Unruhe geraten auch die Emotionen aus dem Takt. Viele Menschen erleben in der Krise eine Form von emotionaler Überflutung: Das Nervensystem ist überreizt, die Fähigkeit zur Differenzierung nimmt ab. Man fühlt viel – aber ohne Richtung. Wut, Angst, Traurigkeit, Überforderung – alles scheint gleichzeitig zu wirken.

In diesem Zustand wirken selbst kleine Anforderungen überdimensional. Die berühmte „Kleinigkeit, die das Fass zum Überlaufen bringt" ist kein Mythos – sondern die Realität eines Menschen, dessen inneres Fass bereits voll ist. Die äußere Situation muss dabei gar nicht dramatisch sein. Es ist die innere Verarbeitungskapazität, die überfordert ist.

Was jetzt nicht hilft – aber oft passiert

Viele versuchen in dieser Phase, sich zusammenzureißen. Funktionieren. Ablenken. Oder die Krise wegzudenken. Andere stürzen sich in Aktionismus – nicht aus Klarheit, sondern aus dem Wunsch, sich nicht fühlen zu müssen. Wieder andere fallen in Apathie, Rückzug, Erstarrung.

All diese Reaktionen sind verständlich – aber sie führen nicht heraus. Denn die Krise wird nicht gelöst, indem man sie übergeht, sondern indem man sie durchdringt.

Die Kraft der Ordnung in der Unordnung

In Momenten geistiger und emotionaler Überforderung braucht es keine schnellen Lösungen – sondern Struktur, die von innen kommt. Und oft beginnt diese Struktur mit kleinen, scheinbar banalen Dingen: ein geregelter Tagesablauf. Bewusste Ernährung. Stille. Bewegung. Weniger Input. Ein aufgeräumter Schreibtisch.

Das ist nicht „Selbstoptimierung", sondern ein stiller Gegenschlag gegen das innere Chaos. Denn Ordnung ist ansteckend – genauso wie Unordnung. Und wer beginnt, im Außen wieder Struktur zu schaffen, gibt dem Inneren ein Signal: Du bist nicht ausgeliefert. Du kannst gestalten. Schritt für Schritt.

Klarheit braucht Raum – nicht Tempo

Der wichtigste Schritt aus der geistigen Unordnung ist oft der langsamste: warten, bis sich etwas setzt. Nicht passiv, aber ruhig. Nicht resigniert, sondern beobachtend. Klarheit stellt sich nicht ein, wenn man sie erzwingt – sondern wenn man ihr Raum gibt.

Emotionale Überforderung löst sich nicht auf, wenn man sie verdrängt – sondern wenn man sie freundlich zur Kenntnis nimmt. Man muss nicht jedes Gefühl ausleben – aber man sollte es anerkennen. Es will etwas zeigen. Und manchmal genügt genau das: zuhören, ohne sofort zu reagieren.

3.3 Der stille Weg zur inneren Struktur

Nach der geistigen Unordnung und der emotionalen Überforderung entsteht oft ein Bedürfnis: Es soll wieder Ordnung einkehren. Aber nicht irgendeine. Keine starre Kontrolle, kein hektischer Aktionismus. Sondern eine innere Struktur, die nicht aus Angst, sondern aus Klarheit entsteht. Eine Ordnung, die nicht überstülpt ist – sondern gewachsen.

Diesen Weg geht man nicht laut. Nicht mit großen Gesten. Und meist auch nicht sichtbar für andere. Es ist ein stiller Weg. Vielleicht sogar ein einsamer. Aber er ist echt – weil er von innen kommt. Und weil er nicht auf Funktionieren zielt, sondern auf Stimmigkeit.

Nicht zurück zur alten Struktur – sondern hin zu einer neuen

Viele Menschen versuchen nach einer Krise, wieder zur „alten Ordnung" zurückzukehren. Doch das ist selten möglich – und oft auch nicht wünschenswert. Denn die alte Struktur war Teil des Problems. Sie war es, die in die Krise geführt oder sie begünstigt hat. Wer ihr wieder nacheifert, baut auf Sand.

Der stille Weg zur inneren Struktur beginnt anders: nicht mit dem Blick zurück, sondern mit dem Blick nach innen. Mit der Frage: Was ist mir wirklich wichtig? Was brauche ich – nicht als Mensch in einer Rolle, sondern als Mensch in der Tiefe?

Rituale statt Regeln

Innere Struktur entsteht nicht durch strenge Regeln – sondern durch wiederkehrende Handlungen, die Sinn stiften. Das kann eine morgendliche Kaffeepause in Stille sein. Ein Spaziergang ohne Ziel. Ein bewusstes Schreiben am Abend. Wenige Minuten, in denen man nicht funktioniert, sondern einfach anwesend ist.

Diese Rituale sind kleine Anker. Sie schaffen Orientierung, ohne zu fesseln. Und sie helfen, wieder in Beziehung zu sich selbst zu kommen – Schritt für Schritt, ohne Druck. Sie sind wie Wegmarken in einem nebligen Gelände. Nicht spektakulär – aber verlässlich.

Aufräumen – innen wie außen

Wer innerlich sortieren will, kann im Außen beginnen. Nicht, weil es „effektiver" ist, sondern weil das Außen oft ein Spiegel des Inneren ist. Ein leerer Tisch, eine geordnete Umgebung, weniger Reize – all das ist kein Selbstzweck. Es ist eine Einladung an das Innenleben: Du darfst zur Ruhe kommen.

Manchmal hilft es, ein Notizbuch zu führen – nicht für Leistung, sondern für Klarheit. Gedanken sortieren, Gefühle benennen, Prioritäten aufschreiben. Es ist ein stilles Gespräch mit sich selbst – oft das erste seit Langem.

Vermeidung durch Struktur ersetzen

In der Krise entwickelt man oft unbewusst Strategien, um Schmerz zu vermeiden: Ablenkung, ständiger Konsum, mediale Dauerberieselung. Diese Strategien sind verständlich – aber sie verhindern den Aufbau innerer Struktur. Denn wo der Tag fremdbestimmt ist, wächst keine Klarheit.
Der stille Weg besteht darin, Vermeidung durch Präsenz zu ersetzen. Nicht alles auf einmal. Aber kleine bewusste Räume schaffen, in denen man nicht wegläuft. Sondern hinschaut. Nicht alles gleich analysiert – aber anwesend bleibt. Daraus wächst Vertrauen – und mit der Zeit: innere Ordnung.

Wahrhaftigkeit als neue Mitte

Am Ende geht es bei innerer Struktur nicht um Effizienz. Sondern um Wahrhaftigkeit. Um einen Zustand, in dem das, was man denkt, fühlt und tut, wieder eine Linie ergibt. Nicht perfekt. Aber aufrichtig.
Ein Mensch, der seine innere Struktur wiederfindet, muss nicht alles wissen. Aber er weiß, wo er steht. Und das genügt. Denn daraus lässt sich alles Weitere entwickeln – nicht sofort, aber mit Substanz.

Schon gewusst?

Wirklich tiefe Verbindungen brauchen keine permanente Bestätigung. Wer sich selbst kennt, muss anderen nicht ständig beweisen, dass alles in Ordnung ist. Das schafft eine stille Nähe – frei von Kontrolle, aber voller Verlässlichkeit.

3.4 - Familiendynamiken – Wie Prägungen unser Leben mitbestimmen

In kaum einem Lebensbereich wirken Muster so tief und so nachhaltig wie in der eigenen Familie. Familiendynamiken sind die unsichtbaren Fäden, die unser Denken, Fühlen und Handeln oft über Jahrzehnte prägen – selbst dann, wenn wir uns längst vom Elternhaus „befreit" haben. Wer eine persönliche Krise bewältigen will, kommt oft an einen Punkt, wo genau diese alten Muster wieder sichtbar werden. Und genau deshalb lohnt es sich, dort hinzusehen.

Typische Dynamiken – wiederkehrende Rollen in Familien

In vielen Familien finden sich wiederkehrende Rollenverteilungen. Diese sind nicht immer bewusst, aber oft über Generationen hinweg stabil:

- **Das schwarze Schaf** – meist ein Kind, das aus der Reihe tanzt und unbewusst die ungelösten Spannungen der Familie sichtbar macht.

- **Der Sündenbock** – jemand, auf den sich Frust oder Schuld ablädt, obwohl er objektiv oft gar nichts falsch gemacht hat.

- **Der Versorger oder „Retter"** – häufig das älteste Kind oder der pflichtbewusste Teil der Familie, der versucht, den Laden zusammenzuhalten.

- **Das ewige Kind** – jemand, der nie in eine echte Eigenverantwortung kommt, weil die Familie ihn – meist unbewusst – klein hält.

Diese Rollen werden selten offen ausgesprochen. Aber sie bestimmen oft den inneren Handlungsspielraum jedes Einzelnen – und damit auch, wie wir mit Krisen umgehen.

Loyalitätskonflikte: Wenn Liebe an Bedingungen geknüpft ist

Viele Kinder wachsen in einem Klima auf, in dem Liebe mit Bedingungen verknüpft ist: „Wenn du artig bist, hab ich dich lieb." Solche Sätze wirken wie kleine Programme im Unterbewusstsein – und sie entfalten im Erwachsenenleben oft ihre volle destruktive Kraft. Plötzlich finden wir uns in Situationen wieder, in denen wir es allen recht machen wollen. Oder wir halten an Schuldgefühlen fest, weil wir denken, dass wir „etwas gutmachen" müssen.

Vererbte Lasten – transgenerationale Traumata

Nicht nur unsere Eltern, sondern auch unsere Großeltern geben oft unbewusst Erfahrungen weiter: Krieg, Flucht, Gewalt, Scham. Diese sogenannten transgenerationalen Traumata wirken wie ein Echo aus der Vergangenheit. Sie tauchen in Form von Ängsten, Blockaden oder chronischem Stress auf – auch wenn wir deren Ursprung gar nicht kennen. Wer sich in solchen Mustern wiederfindet, ist nicht „gestört", sondern trägt oft Lasten, die gar nicht seine eigenen sind.

Das Schweigen – wenn das Unausgesprochene regiert

Ein besonders starkes Familienmuster ist das kollektive Schweigen. Über bestimmte Themen wird einfach nicht gesprochen – etwa frühere Konflikte, Affären, Suchtprobleme oder psychische Erkrankungen. Dieses Schweigen hat jedoch seinen Preis: Was nicht ausgesprochen wird, verschiebt sich ins Unterbewusstsein und wirkt von dort weiter. Es belastet Beziehungen, vergiftet Dialoge und verhindert echte Nähe.

Warum Familiendynamiken so hartnäckig sind

Familien sind in gewisser Weise wie ein eigenes kleines Ökosystem. Jede Veränderung – selbst eine positive – wird erst einmal als Bedrohung empfunden. Wer beginnt, alte Muster zu hinterfragen oder sich zu distanzieren, löst oft heftige Reaktionen aus. Und genau deshalb bleiben viele lieber in alten Rollen. Es ist bequem – aber nicht gesund.

Familiendynamiken wirken nicht nur im seelischen Untergrund – sie haben oft eine direkte, messbare Auswirkung auf die körperliche Gesundheit. Was über Jahrzehnte nicht ausgesprochen, nicht verstanden, nicht losgelassen wird, lagert sich im System ab: in der Muskulatur, im Bindegewebe, in der Atmung, im Immunsystem, in der Stressregulation. Chronische Verspannungen, Schlafstörungen, Herz-Kreislauf-Probleme, Verdauungsstörungen oder sogar Autoimmunerkrankungen sind häufig körperliche Ausdrucksformen eines seelischen Dauerkrampfs, der nie richtig verarbeitet wurde. Viele Menschen schleppen alte Familienmuster über Jahrzehnte mit sich herum – und wundern sich dann, warum sie keine Energie mehr haben, ständig müde oder gereizt sind oder das Leben ihnen wie eine Last vorkommt. **Der Körper vergisst nichts.**

Der erste Schritt: Erkennen

Wer aus destruktiven Familiendynamiken aussteigen will, muss zuerst erkennen, dass es diese Muster überhaupt gibt. Und dann den Mut haben, sich selbst zu fragen:

- *Welche Rolle spiele ich in meiner Familie?*
- *Welche Konflikte wiederholen sich?*
- *Wo übernehme ich Verantwortung, die nicht meine ist?*
- *Wo versuche ich, etwas auszugleichen, das gar nicht zu meinem Leben gehört?*

Die Antworten darauf sind oft schmerzhaft. Aber sie öffnen Türen. Und manchmal ist allein das Benennen schon ein Befreiungsschlag.

Nicht nach Schuldigen suchen, sondern nach der Wahrheit

In familiären Konflikten ist die Versuchung groß, nach Schuldigen zu suchen. Wer war „schuld", dass die Ehe gescheitert ist? Wer hat „versagt", als es schwierig wurde? Solche Fragen scheinen auf den ersten Blick logisch – aber sie führen in eine Sackgasse. Denn Schuld ist ein statisches Konzept: Wer einmal „schuldig" ist, bleibt es oft in den Augen der anderen – unabhängig von Reue, Veränderung oder Kontext. Das lähmt nicht nur die Beziehung, sondern auch jede Möglichkeit, aus alten Mustern auszusteigen.

Wahrheit hingegen ist ein dynamischer Prozess. Sie fragt nicht: Wer ist schuld? – sondern: Was ist wirklich passiert? Warum ist es so gekommen? Welche Verletzungen standen dahinter? Wer die Wahrheit sucht, kommt den inneren Beweggründen näher – und entdeckt oft, dass alle Beteiligten in irgendeiner Form überfordert waren. **Wahrheit ist unbequem**, weil sie niemanden schont – **aber sie heilt**. Denn sie erlaubt es, Verantwortung zu übernehmen, ohne sich dauerhaft schuldig fühlen zu müssen. Und sie erlaubt es, anderen zu vergeben, **ohne sich selbst zu verraten**.

Die Wahrheit zu suchen bedeutet auch, nicht mehr länger im Modus des inneren Anklägers zu leben. Es ist der Wechsel vom Gerichtssaal ins Labor: Statt Urteile zu fällen, wird geforscht, verstanden und neu zusammengesetzt. Genau das ist es, was echte Heilung möglich macht – nicht nur in der Familie, sondern auch in uns selbst.

Mehr Wahrheit – weniger Energieverlust

Je näher man der Wahrheit kommt, desto mehr Blickwinkel eröffnen sich. Was früher wie ein glasklarer Schuldzusammenhang wirkte, erscheint plötzlich komplexer, vielschichtiger – manchmal sogar tragisch. Man beginnt zu verstehen, wie einzelne Entscheidungen, Ängste oder Verletzungen eine Kettenreaktion ausgelöst haben, ohne dass jemand wirklich „böse" sein musste. Und genau dieses tiefere Verstehen verändert alles.

Denn wer mehr versteht, muss weniger kämpfen. Die innere Unruhe weicht einem ruhigeren, klareren Blick. Man braucht sich nicht mehr ständig im Kreis zu drehen, weil man endlich nicht mehr auf der Suche ist – nicht mehr auf der Suche nach Recht, nach Bestätigung, nach Ausgleich. Das spart Energie. Und mehr noch: Es macht innerlich frei.

Plötzlich wird auch etwas möglich, das vorher wie eine Zumutung wirkte – das Vergeben. Nicht, weil man sich dazu zwingt, sondern weil es fast von selbst geschieht. Die Wut verliert ihre Kraft, wenn man die Geschichte dahinter wirklich sieht. Nicht aus Naivität, sondern aus Erkenntnis. Das ist der Punkt, an dem viele merken: Der Weg zur Vergebung führt nicht über Moral oder Disziplin, sondern über Klarheit. Über das Erkennen. Und genau deshalb lohnt es sich, der Wahrheit aufrichtig und geduldig auf den Grund zu gehen.

Schon gewusst?

Auch Schweigen ist eine Form der Weitergabe. Psychologen sprechen vom transgenerationalen Trauma, wenn seelische Wunden, die nie ausgesprochen wurden, unbewusst an Kinder und Enkel weitergegeben werden. Wer seine Geschichte nicht aufarbeitet, sorgt oft dafür, dass sie sich in anderer Form wiederholt.

3.5 - Wenn die eigenen Wurzeln wackeln – Eine persönliche Geschichte

Manchmal erkennt man erst Jahrzehnte später, wie stark die eigene Kindheit und familiäre Prägung einen bis ins Erwachsenenalter beeinflusst hat. Ich bin kein Einzelfall – aber mein Weg ist vielleicht ein Beispiel dafür, wie tiefgreifend Familiendynamiken wirken können, ohne dass man sie in jungen Jahren überhaupt versteht.

Ich bin in einer Familie aufgewachsen, die – wie viele andere auch – nach außen halbwegs funktionierte, im Inneren aber von Spannungen, Missverständnissen und unausgesprochenem Schmerz durchzogen war. Schon als Kind spürte ich, dass „etwas nicht stimmt". Es war kein einzelnes Ereignis, das mein Weltbild erschütterte, sondern ein sich über Jahre ziehendes Gefühl von Enge, Kontrolle und Unfreiheit.

Nachdem sich meine Eltern trennten, als ich zwischen drei und vier Jahren alt war, wurde ich in meiner frühen Kindheit fast ausschließlich von einem Elternteil betreut. Der andere wurde – aus meiner damaligen Sicht – einfach ausgeblendet. Erst später wurde mir klar, dass der Kontakt zu diesem Elternteil über Jahre hinweg bewusst unterbunden worden war. Begründet wurde das mit einer alten, sehr persönlichen Erfahrung zwischen den Erwachsenen – ein Missverständnis oder eine Grenzüberschreitung, das nie aufgearbeitet, sondern zur Lebensgrundlage einer jahrzehntelangen emotionalen Blockade wurde.

Ich selbst war damals nur ein Kind, zehn Jahre alt, als die Konflikte zwischen meinen Eltern sich auch auf mich übertrugen. Plötzlich stand ich nicht mehr nur zwischen zwei Erwachsenen, sondern wurde in eine Loyalitätsfalle gedrängt:

Mit wem willst Du leben? Wem glaubst Du mehr? Wer meint es gut mit Dir?

Solche Fragen stellt man einem Kind eigentlich nicht. Aber sie standen unausgesprochen im Raum.

Mit der Zeit wuchs in mir ein immer stärkerer Wunsch nach Ausbruch. Ich konnte das Gefühl, dauernd beobachtet und kontrolliert zu werden, nicht mehr ertragen. Ich fing an, mich zu wehren – auf die einzige Weise, die mir damals zur Verfügung stand. Ich verweigerte mich dem System. Ich stellte mich quer. Ich wurde wütend. Und schließlich kam es zu einer Eskalation, die in einer Familientherapie mündete.

Diese Gespräche waren der Wendepunkt. Zum ersten Mal wurde mein Wunsch nach einem Wechsel ernst genommen. Ich wechselte das Umfeld zu meinem Vater. Und mit einem Mal fielen viele Spannungen von mir ab. Ich konnte wieder atmen. Ich konnte wieder ich selbst sein. Mein Leben entwickelte sich seitdem in eine andere Richtung – mit Höhen und Tiefen, aber ohne das bleierne Gefühl der emotionalen Einengung.

Rückblickend erkenne ich, dass ich damals nur fliehen wollte – aber den Kern des Problems noch nicht verstand. Erst viele Jahre später – mit der nötigen inneren Reife und einem tieferen Verständnis für psychologische Zusammenhänge – konnte ich begreifen, was wirklich passiert war. Und das hat mir geholfen, auch den Menschen zu vergeben, die mich einst in diese Lage gebracht haben. Weil ich heute weiß: **Sie haben es wahrscheinlich nicht besser gewusst.**

Dieses Kapitel ist mein Beitrag zur Wahrheit – nicht zur Anklage. Es geht mir nicht darum, Schuld zu verteilen. Es geht darum, anderen Mut zu machen, hinzusehen. Auch wenn es wehtut. Auch wenn es schwer ist. Denn nur wer die Muster erkennt, in denen er aufgewachsen ist, kann sie durchbrechen.

Übersicht schafft Abstand ohne Groll

Heute fällt es mir viel leichter, den Überblick über all diese Zusammenhänge zu behalten – nicht zuletzt, weil ich innerlich Abstand gewonnen habe. Ich verteile keine Schuld, denn ich gehe grundsätzlich vom Guten im Menschen aus, natürlich auch bei meiner Mutter. Ich glaube nicht, dass sie mir jemals bewusst schaden wollte. Vielmehr war sie offensichtlich seit Jahren in einer Art emotionalem Ausnahmezustand. In einer inneren Lage, in der sie schlichtweg nicht mehr klar denken konnte. Und aus dieser Perspektive ergibt es Sinn, die Dinge mit einem gewissen Wohlwollen aus der Meta-Ebene zu betrachten – nicht mit Groll, sondern mit einem Blick für das größere Ganze.

Ich habe heute ein entspanntes Verhältnis zu meiner Mutter – und das hatte ich im Grunde schon relativ bald wieder, nachdem ich damals zu meinem Vater gezogen war. Der Abstand hat uns beiden gutgetan. Und mit der Zeit konnte sich das Verhältnis weiter entspannen. Heute ist es – trotz allem, was war – ein Austausch auf Augenhöhe. Das ist keine Selbstverständlichkeit. Es gibt unzählige Fälle, in denen Kinder irgendwann den Kontakt abbrechen und nie wieder mit ihren Eltern sprechen wollen. Ich verstehe, warum das passiert – aber für mich war das nie der Weg. Ich wollte verstehen, nicht verurteilen. Und das hat letztlich auch den Weg geöffnet, um innerlich frei zu werden.

Kapitel 3.6 - Was Du selbst tun kannst – und warum oft schon ein Perspektivwechsel genügt

Wenn Du in familiären Verstrickungen feststeckst, sei es aus der Vergangenheit oder aus aktuellen Konflikten, dann ist der erste Schritt oft kein äußerer – sondern ein innerer. Viele Menschen machen den Fehler, gleich handeln zu wollen: sie schreiben Briefe, fordern ein Gespräch, setzen auf Konfrontation oder Rückzug. Doch wirklich heilsam wird es erst dann, wenn Du beginnst, die Dinge anders zu betrachten.

Das bedeutet nicht, dass Du alles gutheißen sollst, was war. Aber es bedeutet, **den Blick zu weiten.** Frag Dich: Was könnte damals im Anderen vorgegangen sein? Was für Ängste, was für Ohnmacht, welche alten eigenen Wunden könnten hinter seinem oder ihrem Verhalten gesteckt haben? – Und vor allem: *Wie war meine eigene Position damals? War ich überhaupt in der Lage, das zu verstehen?*

Wenn Du beginnst, **mehrere Blickwinkel nebeneinander** stehen zu lassen, ohne sie sofort bewerten zu müssen, dann verändert sich innerlich schon sehr viel. Es wird leiser. Du kämpfst nicht mehr gegen einen starren Schuldigen, sondern betrachtest Menschen in ihrer ganzen Unvollkommenheit. Und das öffnet einen Raum: für Verständnis, für Mitgefühl, für Frieden – in Dir selbst.

Der nächste Schritt ist dann oft, die Dinge **für sich selbst einzuordnen.** Manche schreiben sich alles von der Seele, andere sprechen mit vertrauten Menschen oder nutzen – wie in meinem Fall – eine KI oder andere Reflexionshilfen. Entscheidend ist: Du musst nicht alle Beteiligten mit ins Boot holen. Oft ist es sogar besser, erst einmal bei sich zu bleiben. Denn: Wenn sich Dein Blick verändert, verändert sich auch Deine Ausstrahlung. Und das spüren die anderen. Vielleicht nicht sofort. Aber mit der Zeit. Manchmal genügt es, dass Du aufhörst, innerlich Krieg zu führen. Das allein hat schon eine gewaltige Wirkung – nicht nur auf Dich, sondern auf das gesamte Familiensystem.

Und genau das ist die Quintessenz: Wenn Du in Dir selbst Frieden findest, dann kommt vieles andere fast wie von selbst. Die Entspannung, das Loslassen, vielleicht sogar die Versöhnung. Manchmal reicht es einfach, den Ball nicht mehr zurückzuspielen. Den Kreislauf zu durchbrechen. Dann lösen sich viele Knoten, ohne dass man daran zieht.

Fang bei Dir selbst an. Nicht, weil Du schuld bist. Sondern weil Du heute die Kraft hast, die andere vielleicht damals nicht hatten.

Die eigene Aufgabe erkennen – und bei sich bleiben

Inmitten familiärer Spannungen oder Trennungen verliert man leicht den Blick dafür, was eigentlich die eigene Aufgabe ist. Vor allem, wenn starke Gefühle im Spiel sind – Enttäuschung, Wut, Trauer oder Ohnmacht. Doch gerade dann lohnt es sich, sich bewusst zu fragen: *Was ist jetzt wirklich meine Rolle? Wofür bin ich verantwortlich – und wofür nicht?*

In meinem eigenen Leben gab es eine Phase, die genau diese Klarheit von mir gefordert hat. Ich war verheiratet, wir hatten zwei gemeinsame Kinder, und irgendwann kam es zur Trennung – auf eine Weise, die schmerzhaft und auch unfair war. Natürlich war ich verletzt. Natürlich war ich wütend. Und natürlich hätte ich genug Gründe gehabt, auf Konfrontation zu gehen. Doch ich wusste: **Meine wichtigste Rolle** in diesem Moment ist die des Vaters.

Nicht die des gekränkten Mannes, und auch nicht die des Verteidigers meiner Ehre. Sondern die desjenigen, der dafür verantwortlich ist, dass seine Kinder nicht zerrieben werden zwischen zwei Fronten. Also habe ich ganz bewusst entschieden: Kein Rosenkrieg. Kein Gift. Kein Gegenschlag. Und das war keine Verdrängung – im Gegenteil. Ich habe die Gefühle bewusst durchgearbeitet, sie analysiert, in Ruhe für mich sortiert und letztlich aufgelöst. Nicht mit Gewalt, sondern mit Geduld. Es hat Jahre gedauert. Aber es war richtig. Denn heute, viele Jahre später, stehen meine Kinder kurz vorm Abitur. Sie sind in sich ruhend, wirken stabil, und ich glaube, dass sie – zumindest in dieser Hinsicht – keine tiefgreifenden Traumata mit sich tragen müssen. Und das war mein Ziel. Das war meine Aufgabe.

Die Beziehung zu meiner Ex-Frau war rückblickend nie stabil. Es hätte auch ohne die Trennung früher oder später geknallt. Das anzuerkennen war Teil der Heilung: nicht idealisieren, nicht nachträglich schönreden, sondern **akzeptieren**, dass es nicht gepasst hat. Und dadurch wurde auch das Loslassen leichter.

Gerade bei familiären Konflikten – ob in der Herkunftsfamilie oder im eigenen Beziehungsleben – ist es entscheidend, sich nicht in Nebenschauplätzen zu verlieren. Denn das kostet Kraft. Kraft, die man oft besser investieren kann: in sich selbst, in die Kinder, in die eigene Entwicklung.

Wenn Du weißt, **was Deine eigentliche Aufgabe** ist, dann kannst Du viele Konflikte an Dir vorbeiziehen lassen wie dunkle Wolken. Und irgendwann wird es wieder heller. Nicht, weil die Welt sich geändert hat – sondern weil Du innerlich klar geblieben bist.

Kapitel 4 - Die Welt verstehen lernen

Viele Krisen beginnen im Privaten – aber sie entfalten ihre Wucht im Kollektiven. Denn der Einzelne ist nicht losgelöst von der Welt um ihn herum. Wer heute in eine persönliche Krise gerät, ist oft zugleich eingebettet in eine Gesellschaft, die selbst aus dem Gleichgewicht geraten ist. Das spüren viele – aber nur wenige können es klar benennen.

Dieses Kapitel lädt dazu ein, den Blick zu weiten – nicht, um sich in Weltgeschehen zu verlieren, sondern um es besser einordnen zu können. Denn wer die tieferen Zusammenhänge erkennt, fühlt sich weniger ausgeliefert. Und wer versteht, was hinter den Mustern liegt, kann anders damit umgehen.

Kapitel 4.1 – Zyklen, Narrative, kollektive Orientierungslosigkeit: Der erste Abschnitt blickt auf die wiederkehrenden Rhythmen der Geschichte: Aufstieg und Zerfall, Ordnung und Umbruch, Innovation und Korrektur. Solche Zyklen sind keine Verschwörung – sie sind Teil eines größeren Musters. Wer sie erkennt, versteht auch, warum unsere Gegenwart so angespannt ist: weil viele dieser Zyklen gleichzeitig in eine kritische Phase geraten sind.

Kapitel 4.2 – Medienlogik und Dauererregung: Der zweite Hauptabschnitt zeigt, wie moderne Medien unsere Wahrnehmung verändern – oft subtil, aber tiefgreifend. Was zählt, ist nicht mehr Wahrheit, sondern Wirkung. Die Logik der Schlagzeile ersetzt das Maß der Verhältnismäßigkeit. Und der Mensch wird vom Beobachter zum Getriebenen. Dieses Kapitel lädt ein zur bewussten Rücker-oberung der eigenen Aufmerksamkeit. Es zeigt, wie man sich nicht abkoppelt, aber auch nicht vereinnahmen lässt. Denn wer seine Wahrnehmung nicht schützt, verliert irgendwann sich selbst – nicht auf einen Schlag, sondern Stück für Stück.

Kapitel 4.3 – Warum innere Ruhe heute eine radikale Kraft ist: Den Abschluss bildet ein ruhiges, aber tiefes Kapitel über das, was heute fast schon revolutionär wirkt: Innere Ruhe. Inmitten von Dauererregung, Informationsflut und gesellschaftlichem Lärm ist Ruhe kein Rückzug – sondern ein Gegenpol. Eine Kraft, die nicht laut wird, aber trägt.

Unter Einbezug von Dr. Michael Nehls' Buch „Das indoktrinierte Gehirn" wird aufgezeigt, warum viele Menschen heute nicht „zu sensibel", sondern schlicht neurologisch überlastet sind. Die Antwort liegt nicht in noch mehr Disziplin – sondern in bewusster Verlangsamung, klarer Unterscheidung und ehrlicher Rückverbindung mit sich selbst.

4.1 Zyklen, Narrative, kollektive Orientierungslosigkeit

Wenn man beginnt, größere Zusammenhänge zu erkennen, stößt man irgendwann auf ein Phänomen, das kaum jemand gelehrt bekommt – und das dennoch in fast allen Kulturen bekannt war: Zyklen. Die Vorstellung, dass Geschichte sich nicht linear, sondern in Wellen bewegt. Dass bestimmte Muster sich wiederholen. Nicht eins zu eins – aber im Prinzip.

Zyklen: Warum sich Geschichte fast immer reimt.

Wer die Welt nur punktuell betrachtet, sieht Chaos. Wer sie über längere Zeiträume beobachtet, erkennt Rhythmus. Phasen von Aufstieg und Niedergang. Phasen von Ordnung und Zerfall. Von Vernunft und Verirrung. Diese Bewegungen sind nicht neu – aber sie sind heute besonders synchron, besonders intensiv, besonders überlagert. Und genau das macht unsere Zeit so herausfordernd.

Der große politische Zyklus: Ordnung, Überdehnung, Zerfall

Fast jede stabile Gesellschaftsordnung durchläuft früher oder später einen natürlichen Alterungsprozess. Am Anfang stehen klare Prinzipien, Notwendigkeit, Gemeinschaftssinn. Dann folgen Wachstum, Differenzierung, Institutionalisierung. Irgendwann dann Bürokratie, Machtkämpfe, Abkopplung von der Realität.

Die römische Republik, das chinesische Kaiserreich, das alte Ägypten, die Weimarer Republik – überall zeigt sich dieses Muster: Was nicht regelmäßig erneuert wird, verkrustet. Und was verkrustet, zerfällt.

In unserer heutigen Zeit erleben wir in vielen westlichen Staaten eine Phase der Überdehnung: politisch, moralisch, finanziell. Immer mehr Regeln, immer weniger Vertrauen. Immer mehr Kontrolle, immer weniger Klarheit. Dieser Prozess ist nicht das Ergebnis „böser Absichten", sondern oft das Endstadium eines Zyklus, der sich über Jahrzehnte entwickelt hat – und nun sichtbar wird.

Der wirtschaftliche Zyklus: Boom, Übersättigung, Korrektur

Wirtschaft folgt oft einem klaren Muster:

Innovation > Wachstum > Überschuss > Korrektur.

Der letzte große Innovationszyklus war die Digitalisierung ab den 1990er Jahren. Er brachte enorme Produktivität, neue Märkte, neue Geschäftsmodelle. Doch heute zeigt sich: Viele Märkte sind gesättigt, viele Systeme überkomplex, viele Preise entkoppelt von echter Wertschöpfung. Gleichzeitig türmt sich weltweit eine gewaltige Schuldenlast auf. Staaten, Unternehmen, Privathaushalte – alle leben auf Pump. Die nächste Korrektur ist nicht ausgeschlossen. Sie ist logisch. Das heißt nicht zwangsläufig Zusammenbruch. Aber es heißt: Umbruch. Und dieser Umbruch betrifft nicht nur Zahlen, sondern ganze Denkmodelle – von Eigentum bis Wachstumsideologie.

Der technologische Zyklus: von Euphorie zu Kontrollverlust

Neue Technologien durchlaufen fast immer dieselben Phasen:

Faszination > Anwendung > Überschätzung > Kollision mit der Realität.

Bei Künstlicher Intelligenz (KI), Digitalisierung und Automatisierung sehen wir derzeit einen rasanten Reifungsprozess. Was eben noch als Spielerei galt, wird heute ernst genommen – oder auch gefürchtet. Die Fragen, die dabei auftauchen, sind nicht mehr technischer, sondern ethischer Natur: Wer kontrolliert die Systeme? Wem gehören die Daten? Und wie verändert Technik unser Denken, unsere Sprache, unsere Beziehungen?

Viele Menschen spüren: Die Entwicklung läuft schneller, als wir sie innerlich verarbeiten können. Das erzeugt Angst, Orientierungslosigkeit, Ohnmachtsgefühle. Nicht, weil Technik schlecht ist – sondern weil sie ein Zyklus ist, der uns gerade überrollt, ohne dass wir ihn reflektiert haben.

Der geistig-moralische Zyklus: von Sinn zu Überheblichkeit

Eine der leisen, aber tiefgreifenden Entwicklungen unserer Zeit betrifft den geistigen Raum. Gesellschaften, die ihre Grundwerte nicht mehr ernst nehmen, verlieren ihre Mitte. Was einst aus Überzeugung gelebt wurde, wird zur Pflichtübung. Was früher Halt gab, wird heute als Hindernis empfunden. Werte verflachen, Rituale verlieren an Bedeutung, Bildung wird zur Fassade.

Viele frühere Hochkulturen sind nicht an äußeren Feinden zerbrochen, sondern an innerer Leere. Wenn Bindung, Verantwortung und Sinn verschwinden, entsteht ein Vakuum – und dieses Vakuum füllt sich fast immer mit Ideologie, Ablenkung oder Radikalisierung.

In der heutigen Zeit sehen wir: Die geistige Orientierung vieler Menschen ist schwächer denn je. Das liegt nicht am Individuum – sondern an einem Zyklus, der den inneren Raum entkernt hat. Die Folge: Menschen suchen Halt, finden aber nur Meinungen. Sie suchen Tiefe, aber begegnen nur Rhetorik. Es ist die Stunde der Masken – weil der Kern fehlt.

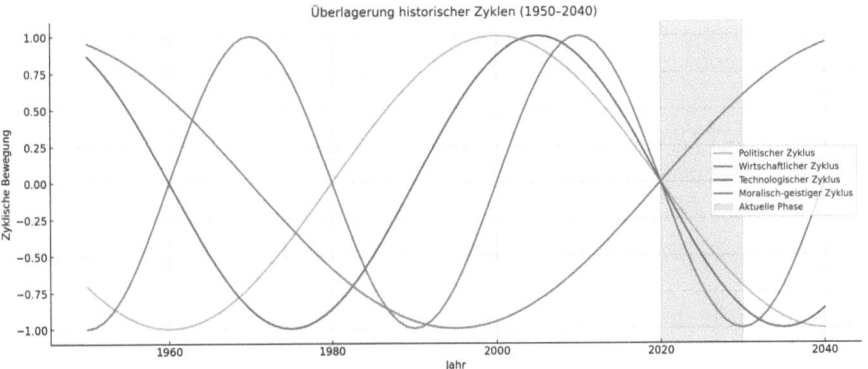

Was diese Zyklen gemeinsam haben

Alle genannten Zyklen – politisch, wirtschaftlich, technologisch, geistig – bewegen sich derzeit zeitgleich auf einen kritischen Punkt zu. Und das ist außergewöhnlich. Selten in der Geschichte überlappen sich so viele Krisenbewegungen. Kein Wunder also, dass sich so viele Menschen überfordert fühlen – auch dann, wenn es ihnen persönlich (noch) gut geht.

Doch genau in dieser Überlagerung liegt auch die Chance: Wer die Zyklen erkennt, kann sich innerlich ausklinken. Nicht im Sinne von Rückzug oder Ignoranz – sondern im Sinne von innerer Klarheit. Wer versteht, dass er Teil eines größeren Rhythmus ist, verliert weniger Energie im Kampf gegen das Unvermeidliche – und gewinnt Raum für eigene Entscheidungen.

Narrative – Die Geschichten, die wir (uns) erzählen

Zyklen sind die unsichtbare Bewegung hinter den Dingen. Narrative sind die Geschichten, die darüber erzählt werden. Während Zyklen still und langsam wirken, sind Narrative laut, präsent, greifbar. Sie prägen, wie wir Krisen deuten, wie wir handeln, wie wir fühlen. Und oft auch, wie wir uns selbst sehen.

Ein Narrativ ist keine bloße Meinung. Es ist ein Deutungsrahmen. Ein Muster, das erklärt, „warum die Dinge so sind". Und genau deshalb sind Narrative so mächtig – gerade in Krisenzeiten. Denn wer das Narrativ kontrolliert, kontrolliert die Richtung der Gedanken.

Krisen erzeugen Geschichten – und Geschichten formen Reaktionen

Der Mensch braucht Sinn. Und wo dieser Sinn nicht mehr von innen kommt, entsteht ein Vakuum, das sich fast immer mit einem Narrativ füllt:

- *„Die anderen sind schuld."*
- *„Früher war alles besser."*
- *„Es gibt nur eine Wahrheit – und wer sie nicht teilt, ist gefährlich."*
- *„Wir stehen am Rande des Untergangs – es braucht radikale Maßnahmen."*

Solche Narrative sind einfach, emotional, aktivierend. Sie reduzieren Komplexität. Und sie geben dem Einzelnen das Gefühl, wieder Kontrolle zu haben – zumindest gedanklich. Das Problem: Sie ersetzen echtes Denken durch Reaktion. Und genau dadurch werden sie Teil des Problems.

Von kollektiven Deutungsmustern zu innerer Unfreiheit

Besonders in Zeiten überlappender Krisen – wie aktuell – entstehen dominante Narrative, die kaum noch hinterfragt werden dürfen. Wer widerspricht, wird schnell verdächtigt, „auf der falschen Seite" zu stehen. Es entsteht ein Druck zur Konformität, verkleidet als Solidarität. Und ein Klima der Angst – nicht vor der Krise, sondern vor der Abweichung. Narrative dieser Art führen nicht zur Lösung – sondern zur kollektiven Denkverengung. Sie erzeugen Lager, Fronten, Schuldzuweisungen. Und sie verhindern jene innere Klarheit, die gerade jetzt so dringend gebraucht wird. Denn: Wer nur noch reagiert, hat keinen Raum mehr für Reflexion.

Die Aufgabe des Einzelnen: Beobachter statt Verstärker

Man kann sich dieser Dynamik nicht völlig entziehen. Aber man kann lernen, sie zu erkennen. Und das ist ein erster Schritt zur inneren Freiheit. Wer ein Narrativ als solches erkennt, gewinnt Distanz. Er muss es nicht sofort bekämpfen. Es genügt, es zu beobachten – und sich selbst die Frage zu stellen: Stimmt das für mich? Trägt mich dieses Bild – oder macht es mich enger?

Gerade in Krisen braucht es Menschen, die nicht in das erste Narrativ einsteigen, das ihnen angeboten wird – sondern fragen. Leise, aber konsequent. Nicht als Rebellion – sondern als Zeichen geistiger Reife. Wer das kann, ist nicht „dagegen". Er ist wach.

Gegenerzählungen: Zwischen Aufklärung und Ablenkung

Auch Gegennarrative sind Narrative. Sie sind nicht automatisch wahrer – nur weil sie die Mehrheit infrage stellen. Auch hier gilt: Die Frage ist nicht, wer recht hat, sondern: Was öffnet – und was verengt? Was erzeugt Klarheit – und was erzeugt Panik, Hass oder ideologische Starre?

Ein echtes Gegennarrativ erkennt man daran, dass es mehrdimensional bleibt. Es versucht nicht, die Welt neu zu sortieren, sondern sie differenzierter zu sehen. Es ist offen für Entwicklung – und zugleich skeptisch gegenüber schnellen Lösungen.

Krisen als Einladung zum eigenen Narrativ

Vielleicht ist genau das die leise Einladung dieser Zeit: sein eigenes inneres Narrativ zu finden. Nicht im Sinne einer Theorie – sondern im Sinne einer Haltung. Was ist für mich tragfähig? Worauf möchte ich mein Denken gründen? Welche Geschichte erzähle ich mir selbst – über mich, über die Welt, über das, was kommt?

Wer diese Fragen ehrlich stellt, ist nicht hilflos – auch wenn die äußere Lage chaotisch erscheint. Denn echtes Denken braucht keine perfekten Antworten. Es braucht den Mut zur offenen Frage. Und diesen Mut brauchen wir heute dringender denn je.

Kollektive Orientierungslosigkeit – wenn das innere Kompassfeld gestört ist

Was geschieht, wenn sich Zyklen überlagern – und gleichzeitig dominante Narrative den Blick verengen? Es entsteht ein Zustand, der in unserer Zeit besonders spürbar ist: kollektive Orientierungslosigkeit. Ein Gefühl von diffuser Unruhe, das sich nicht mehr an äußeren Fakten festmacht, sondern tief in das Empfinden der Menschen eingesickert ist.

Viele Menschen können es nicht klar benennen – und doch erleben sie es täglich:

- eine wachsende Unsicherheit bei Entscheidungen
- das Gefühl, dass das Richtige und das Falsche sich aufzulösen scheinen
- eine innere Müdigkeit beim Versuch, sich „zurechtzufinden"

Dieser Zustand ist nicht nur individuell – er ist gesellschaftlich. Man spürt ihn in Gesprächen, in den Medien, in der Art, wie Menschen sich verhalten: zunehmende Gereiztheit, Kurzschlussreaktionen, emotionale Schwankungen, Rückzug. Es ist, als ob das innere Kompassfeld einer ganzen Gesellschaft gestört wäre.

Wenn die Richtung fehlt, wird Lautstärke zur Ersatzordnung

In unsicheren Zeiten wird nicht automatisch leise nachgedacht – sondern oft laut gerufen. Wer sich innerlich verloren fühlt, greift gerne nach klaren Meinungen, starken Führungspersonen, einfachen Wahrheiten. Das ist kein Zeichen von Bosheit, sondern ein Zeichen von Orientierungshunger. Wo keine innere Ordnung mehr ist, wird äußere Macht attraktiv.

Deshalb entstehen in solchen Zeiten oft Extreme: Polarisierung, moralische Überhöhung, Schuldprojektionen. Das Gegenüber wird nicht mehr als Mitmensch erlebt, sondern als Bedrohung des eigenen Narrativs. Man streitet nicht mehr um Inhalte, sondern um Identität.

Der leise Verlust des Vertrauens

Die tiefste Form kollektiver Orientierungslosigkeit zeigt sich nicht in Debatten – sondern im Rückzug. In der stillen Erosion von Vertrauen: in Institutionen, in Medien, in Politik, in Gemeinschaft. Menschen beginnen, nur noch für sich zu denken – oder gar nicht mehr. Der gesellschaftliche Dialog wird brüchig. Nicht, weil er laut ist – sondern weil er innerlich leer geworden ist.

Und das betrifft auch die persönliche Ebene: Wer kann noch mit wem ehrlich sprechen? Wer traut sich noch, zuzugeben, dass er nicht mehr weiß, was richtig ist? Orientierungslosigkeit trennt – nicht, weil sie Feindschaft erzeugt, sondern weil sie keine Verbindung mehr ermöglicht.

Was in solchen Phasen hilft – und was nicht

Was nicht hilft: Appelle, Parolen, Schuldzuweisungen. Auch nicht: Rückzug in Zynismus oder Gleichgültigkeit.

Was hilft: Klarheit im Kleinen. Echtheit. Langsamkeit. Selbstbeobachtung. Und der Mut, wieder Fragen zu stellen – nicht rhetorisch, sondern offen. Der Einzelne kann die Gesellschaft nicht ordnen. Aber er kann sich selbst ordnen – und dadurch leiser Orientierungspunkt werden.

Und manchmal genügt genau das: ein Mensch mit innerem Kompass – um im Chaos des Außen einen Moment der Ruhe zu schaffen. Keine Antworten – aber ein anderes Feld. Kein System – aber ein anderes Klima.

Schon gewusst?

Beziehungen, in denen man nicht ehrlich sein darf, sind keine echten Beziehungen. Harmonie um jeden Preis führt langfristig zu innerer Entfremdung. Ehrliche Kommunikation dagegen kann anstrengend sein – aber sie ist der Nährboden für echte Verbindung.

4.2 Medienlogik und Dauererregung

Die Welt war schon immer komplex. Doch selten wurde sie in so hoher Frequenz durch so viele Kanäle gleichzeitig in unser Bewusstsein gespült wie heute. Fernsehen, Onlineportale, soziale Netzwerke, Push-Nachrichten – das Informationssystem hat sich in den letzten zwanzig Jahren radikal verändert. Und mit ihm: unsere Wahrnehmung von Realität.

Was früher punktuell geschah, geschieht heute pausenlos. Was früher recherchiert, geprüft und gewichtet wurde, wird heute binnen Sekunden geteilt, emotionalisiert und bewertet. Aus Information ist Erregung geworden. Aus Berichterstattung ein Dauerfeuer. Und aus Öffentlichkeit ein Marktplatz für Reiz und Reaktion.

Die Logik der Medien ist nicht die Logik des Lebens

Moderne Medien funktionieren nach einer klaren Regel: Aufmerksamkeit ist die Währung. Und Aufmerksamkeit bekommt, was aufregt, empört, emotionalisiert – nicht, was differenziert, nachdenklich oder erklärend ist.

Das bedeutet: Nicht die Wahrheit setzt sich durch, sondern die Wirkung. Und diese Wirkung ist umso größer, je mehr sie das Gefühl anspricht – idealerweise Wut, Angst oder Empörung. Denn das sind die Emotionen, die am schnellsten „teilen", am stärksten polarisieren und am meisten Klicks erzeugen.

Diese Dynamik ist nicht moralisch „böse". Sie ist technisch-logisch. Algorithmen fördern, was Engagement erzeugt. Und was Engagement erzeugt, prägt unser Bild von der Welt. Auch – oder gerade – dann, wenn es verzerrt ist.

Der Mensch wird zum Reiz-Reaktions-Wesen

In einem solchen Umfeld fällt es zunehmend schwer, bei sich zu bleiben. Man wird hineingezogen in Meinungen, Stimmungen, Sticheleien. Die eigene Aufmerksamkeit wird zersplittert. Kaum jemand liest noch längere Texte. Kaum jemand hält einen Gedanken aus, ohne sofort eine Gegenmeinung zu suchen oder zu senden.

Was entsteht, ist ein psychologischer Dauerstress – auch dann, wenn man es nicht bewusst merkt. Der Körper ist im Alarmmodus. Das Nervensystem wird ständig gereizt. Die Fähigkeit zur inneren Sammlung nimmt ab. Und mit ihr: die Fähigkeit, sich selbst zu spüren.

Der Mensch wird nicht mehr zum Beobachter der Welt – sondern zum Teil eines emotionalen Dauerkreislaufs, den er selbst kaum noch steuern kann.

Die Wirkung: innere Unruhe, soziale Kälte, Denkverengung

Was diese Form von medialer Dauererregung langfristig bewirkt, ist tiefgreifend:

- Der Ton in der Gesellschaft wird rauer.
- Die Offenheit für andere Sichtweisen nimmt ab.
- Die Fähigkeit, einen Gedanken auszuhalten, bevor man reagiert, verschwindet.
- Menschen spalten sich in Lager, definieren sich über Meinungen statt über Haltung.

Und gleichzeitig wächst etwas anderes – subtil, aber spürbar: Erschöpfung. Eine leise Müdigkeit im Denken, im Fühlen, im Menschsein. Man will einfach nur noch seine Ruhe. Und hat gleichzeitig das Gefühl, sie nie zu bekommen.

Wie man sich schützen kann – ohne sich abzuschotten

Der einzige Ausweg aus diesem Kreislauf ist nicht die Rebellion gegen das System – sondern die Rückkehr zur eigenen Wahrnehmung. Das beginnt mit einem bewussten Umgang:

- Welche Quellen konsumiere ich?
- In welcher Frequenz?
- **Mit welchem inneren Zustand davor – und danach?**

Es hilft, sich feste Zeiten ohne Medien zu nehmen. Nicht als Verzicht, sondern als Pflege. Es hilft, längere Texte zu lesen – oder ganz bewusst nichts zu lesen. Es hilft, Nachrichten wieder als Information zu behandeln – und nicht als emotionales Spielfeld.

Und es hilft, sich selbst zu beobachten: Werde ich gerade klarer – oder unruhiger? Werde ich empathischer – oder gereizter? Diese Fragen sind oft ehrlicher als jede Schlagzeile.

Der Medienraum als Spiegel – und als Herausforderung

Am Ende ist das Mediensystem nicht die Ursache aller Krisen. Aber es ist ein Verstärker. Ein Resonanzraum, der unsere inneren Zustände zurückspielt – vergrößert, verzerrt, beschleunigt. Wer das erkennt, kann ihm mit neuer Haltung begegnen: nicht ablehnend, sondern bewusst.
Es geht nicht darum, alles zu glauben oder alles zu meiden. Sondern darum, wieder unterscheiden zu lernen. Und sich einen inneren Raum zurückzuholen, in dem nicht jedes Ereignis sofort eine Reaktion auslösen muss. Dieser Raum ist der Ort, an dem Klarheit entsteht. Und genau dort beginnt echter Umgang mit Krisen.

4.3 Warum innere Ruhe heute eine radikale Kraft ist

In einer Welt, die immer schneller, lauter und reizintensiver wird, wirkt Ruhe fast wie ein Fremdkörper. Sie fällt auf – weil sie nicht mehr selbstverständlich ist. Sie stört – weil sie sich nicht in die gängige Taktung einfügt. Und sie fordert heraus – weil sie den Spiegel vorhält: Wer bin ich, wenn nichts passiert?

Innere Ruhe ist heute nicht mehr einfach nur angenehm. Sie ist ein bewusster Akt der Selbstbehauptung. Und in gewisser Weise: eine leise Form von Widerstand. Gegen eine Kultur der Dauererregung. Gegen die ständige Fragmentierung der Aufmerksamkeit. Gegen die stumme Forderung, immer verfügbar, informiert und reaktionsbereit zu sein.

Wer in sich ruht, wird nicht automatisch zum Helden – aber er wird zum Gegenpol. Nicht laut. Nicht aggressiv. Sondern einfach: da. Klar. Anwesend. Und genau das ist es, was heute so schwer fällt – und gleichzeitig so kraftvoll ist.

Ein erschöpftes System sucht Reiz – und verliert Orientierung

Der Arzt und Molekulargenetiker **Dr. Michael Nehls** beschreibt in seinem Buch „Das indoktrinierte Gehirn" eine tiefgreifende Dynamik unserer Zeit: Viele Menschen erleben heute nicht nur psychische Belastung – sie befinden sich in einem Zustand dauerhafter neurologischer Erschöpfung. Nicht, weil sie schwach sind – sondern weil ihr Gehirn ständig unter Strom steht, ohne je zur echten Regeneration zu kommen.

Nehls spricht von einer chronischen Reizüberflutung, die unsere Entscheidungsfähigkeit, unsere Selbststeuerung und unsere emotionale Balance schleichend untergräbt. Das Belohnungssystem wird überlastet, die Frontalhirnfunktion (zuständig für Übersicht, Impulskontrolle, langfristiges Denken) nimmt ab, der Mensch wird reaktiv, impulsiv – oder innerlich leer.
Was fehlt, ist nicht mehr Information. Es ist Stille. Regeneration. Rückbindung an den inneren Raum. Und genau dort setzt dieses Kapitel an.

Dr. Med. Michael Nehls: Das erschöpfte Gehirn

https://www.youtube.com/watch?v=oevDgl633fA

Ruhe ist nicht Rückzug – sondern Rückverbindung

Viele verwechseln innere Ruhe mit Passivität oder Desinteresse. Doch echte Ruhe hat nichts mit Lethargie zu tun. Sie ist ein aktiver Zustand. Ein Zustand von wacher Präsenz, frei von Reizflucht und Reaktionsdrang. Wer in sich ruht, ist nicht abgeschaltet – sondern eingeschaltet, auf einer tieferen Frequenz. Diese Art von Ruhe ist heute fast radikal – weil sie sich nicht mehr ergibt, sondern bewusst gewählt werden muss. Sie entsteht nicht von selbst. Sie braucht Rahmen, Entscheidung, Pflege. Und vor allem: Mut, das auszuhalten, was auftaucht, wenn das Außen still wird.

Innere Ruhe als Antwort auf äußeres Chaos

Die Kraft der Ruhe zeigt sich besonders dann, wenn das Außen chaotisch ist. Sie ist nicht der Fluchtpunkt, sondern der Fixpunkt. Der Ort, von dem aus man klarer denken, tiefer fühlen und verlässlicher handeln kann. Und oft auch: besser unterscheiden. Zwischen Wichtigem und Unwichtigem. Zwischen echter Notwendigkeit und künstlicher Dringlichkeit.

Ein ruhiger Mensch ist kein naiver Mensch. Er ist ein sortierter Mensch. Und genau das fehlt heute vielerorts: Menschen, die nicht sofort mitgehen – sondern erstmal hinschauen. Die nicht sofort bewerten – sondern erstmal beobachten. Die nicht sofort recht haben müssen – sondern offen bleiben.

Was hilft, um wieder in diese Ruhe zu kommen?

Es braucht keine exotischen Techniken. Sondern eine bewusste Entscheidung für Reduktion:

- Weniger Input, mehr Qualität
- Weniger Tempo, mehr Rhythmus
- Weniger Reaktion, mehr Wahrnehmung

Das bedeutet nicht Verzicht, sondern Verankerung. Kleine Rituale, bewusste Pausen, medienfreie Räume, echte Gespräche, Bewegung ohne Ziel – all das sind Zugänge zur inneren Mitte. Und zur Erholung eines Systems, das sonst auf Dauer überhitzt.

Ruhe ist heute nicht selbstverständlich – aber notwendig

Am Ende ist innere Ruhe vielleicht die wichtigste Ressource dieser Zeit. Nicht als Rückzug, sondern als Kraftquelle. Nicht als Luxus, sondern als Basis für Klarheit, Würde und Handlung.

Wer diese Ruhe kultiviert, ist kein Außenseiter. Er ist jemand, der die Zeit verstanden hat – und sich entschieden hat, anders in ihr zu stehen.

Zusammenfassung von Teil 1 – Verstehen

Teil 1 dieses Buches war eine Einladung, innezuhalten. Eine ruhige Erkundung der Frage, was eine Krise im Kern wirklich ist, woher sie kommt – und warum sie uns oft so tief erschüttert. Statt vorschneller Lösungen ging es in diesen ersten Kapiteln um Verstehen. Um innere Sortierung. Und um das Wiederentdecken eines Blickwinkels, der heute selten geworden ist: das stille Beobachten statt hektischen Reagierens.

Das Prinzip Krise

Im ersten Kapitel „Das Prinzip Krise" wurde gezeigt, dass eine Krise nicht einfach nur ein Problem ist – sondern ein Kipppunkt. Ein Übergangszustand, der alte Ordnungen infrage stellt, um Raum für etwas Neues zu schaffen. Wir haben unterschieden zwischen Problemen, Übergängen und echten Krisen – und dabei deutlich gemacht: Krise heißt nicht Untergang. Krise heißt Entscheidung.

Krisen als Prüfstein des Menschen

Das zweite Kapitel „Krisen als Prüfstein des Menschen" rückte den Einzelnen in den Mittelpunkt. Anhand von vier historischen Persönlichkeiten – Friedrich dem Großen, Helmut Schmidt, Willy Brandt und Steve Jobs – wurde erlebbar, wie unterschiedlich Menschen mit Krisen umgehen. Und doch verbindet sie alle etwas: Charakter, Haltung, Klarheit. In den weiteren Abschnitten wurde gezeigt, was bleibt, wenn äußere Sicherheiten wegbrechen, und wie sich in solchen Momenten zeigt, ob unter der Hülle eine echte Substanz gewachsen ist.

Innere Klarheit als Schlüssel

Im dritten Kapitel „Innere Klarheit als Schlüssel" ging es um das, was im Inneren geschieht, wenn die Welt im Außen ins Wanken gerät. Unsicherheit, Überforderung, emotionale Unruhe – all das sind natürliche Begleiterscheinungen einer Krise. Doch sie sind nicht das Ende, sondern der Anfang eines stillen inneren Weges. Dieses Kapitel zeigte, wie aus Unordnung neue Struktur entstehen kann – nicht durch Kampf, sondern durch Präsenz, Rituale, Wahrhaftigkeit. Die innere Ordnung wurde hier als Kraftquelle sichtbar, nicht als starres System.

Im vierten und letzten Kapitel dieses Abschnitts weiteten wir den Blick: „Der gesellschaftliche Kontext" war der Versuch, die kollektive Ebene mit einzubeziehen. Zyklen, Narrative, Orientierungslosigkeit – all das wurde nicht belehrend, sondern beobachtend dargestellt. Es wurde deutlich, dass wir nicht nur als Individuen in Krisen geraten, sondern oft auch als Teil einer Gesellschaft, die selbst aus dem Takt geraten ist. In Kapitel 4.2 stand die Medienlogik im Fokus: Wie moderne Informationssysteme unsere Aufmerksamkeit formen, beschleunigen, erschöpfen. Und wie wir dieser Dynamik nicht ausgeliefert sind, wenn wir uns ihr bewusst werden.

Innere Ruhe als radikale Kraft

Den Abschluss bildete das Kapitel über innere Ruhe als radikale Kraft – eine leise, aber zentrale Erkenntnis: Dass wir inmitten der Beschleunigung nicht mehr Reaktion, sondern mehr Stille brauchen. Mehr Erdung. Mehr Klarheit aus der Tiefe. Damit ist Teil 1 – Verstehen abgeschlossen. Der Leser weiß nun, woher vieles kommt, was ihn bewegt, überfordert oder zermürbt. Die nächste Etappe wird zeigen, was man tun kann – nicht im Sinne von „Reparatur", sondern im Sinne von echter Selbstverantwortung. Denn jetzt beginnt der Weg aus der Analyse in die Haltung. Und genau dort liegt die stille Kraft, die dieses Buch begleiten soll.

Schon gewusst?

Echte Nähe braucht Raum – nicht ständige Verfügbarkeit. Psychologen sprechen vom „Paradoxon der Intimität": Menschen fühlen sich anderen oft stärker verbunden, wenn sie zwischendurch bei sich selbst bleiben dürfen. Nähe ohne Pause wird zur Belastung.

1

2

3

4

5

6

7

8

9

10

11

12

13

14

15

16

A

TEIL II - ERKENNEN

Der Weg zurück zu sich selbst -
Selbstverantwortung, Haltung, Klarheit

5. Selbstverantwortung statt Opferrolle
- Warum die „Schuldfrage" nicht weiterhilft
- Verlass dich bloß nie auf andere..." – Vertrauen und Enttäuschung
- Haltung entwickeln: Der Mensch als Handelnder

6. Die Kraft der Haltung
- Was Haltung ist – und was nicht
- Souverän bleiben, auch wenn alles wankt
- Stille Stärke statt lautem Aktionismus

7. Selbstbild, Spiegel und Schatten
- Wer bin ich – und wer wäre ich ohne Krise?
- Frühprägungen erkennen (Kindheit, Umfeld, Denkweisen)
- Der eigene blinde Fleck

8. Freezeouts, KI und der innere Spiegel
- Wie Distanz innere Klarheit schafft
- KI als Resonanzraum für echte Reflexion
- Der innere Spiegel - Wie KI hilft, eigene Muster zu erkennen

Kapitel 5 – Selbstverantwortung statt Opferrolle

Wenn eine Krise uns trifft, verlieren wir oft mehr als nur äußere Sicherheiten. Wir verlieren – zumindest vorübergehend – auch das Vertrauen in uns selbst. Wir zweifeln an unseren Entscheidungen, an unserem Blick auf die Welt, manchmal sogar am eigenen Wert. Und genau in dieser Phase ist die Versuchung groß, in eine Opferhaltung zu rutschen: sich betrogen zu fühlen, ausgeliefert, hilflos, machtlos.

Doch echte Heilung beginnt nicht dort, wo wir auf Gerechtigkeit hoffen – sondern dort, wo wir uns selbst wieder als handlungsfähig erleben. Dieser Teil des Buches lädt ein, genau diesen Schritt zu gehen: weg vom ständigen Blick nach außen, hin zu einer inneren Klarheit darüber, was wir wirklich beeinflussen können. Es geht nicht um Schuld. Es geht um Verantwortung – und um eine neue Form von Würde, die sich nicht aus äußeren Umständen speist, sondern aus einem bewussten, stillen Ja zum eigenen Weg.

Kapitel 5.1 – Warum die „Schuldfrage" nicht weiterhilft: Dieses Kapitel räumt mit einem der größten inneren Irrtümer auf: der Vorstellung, dass es erst eine Schuldklärung geben müsse, bevor Heilung möglich ist. Die Suche nach dem Schuldigen mag kurzfristig entlasten – aber sie blockiert oft den nächsten Schritt. Denn sie bindet Energie, die wir für unseren eigenen Weg bräuchten. Dieses Kapitel zeigt, warum es klüger – und heilsamer – ist, sich aus der Schuldlogik zu lösen und stattdessen in die eigene Verantwortung zu gehen. Nicht als Pflicht – sondern als Befreiung.

Kapitel 5.2 – Verantwortung zu übernehmen heißt nicht, sich alles aufzuladen. Es heißt nicht, stark sein zu müssen oder alles im Griff zu haben. Verantwortung bedeutet: Ich erkenne an, dass ich einen Anteil habe – und ich wähle bewusst, wie ich damit umgehe. Dieses Kapitel beleuchtet die gesunde Mitte zwischen Selbstverleugnung und Selbstüberforderung. Es zeigt, wie man Verantwortung als klaren, ruhigen Weg gestalten kann – Schritt für Schritt, ohne sich dabei zu verlieren.

Kapitel 5.3 – Der Abschluss dieses Teils ist eine stille Rückkehr zu sich selbst. Jenseits von Rollen, Erwartungen und Vergleichen stellt sich die Frage: Was ist eigentlich mein Weg? Was fühlt sich für mich stimmig an – nicht gestern, nicht irgendwann, sondern jetzt? Dieses Kapitel lädt dazu ein, die eigene Lebenslinie wieder bewusst in die Hand zu nehmen. Nicht perfekt. Nicht spektakulär. Aber aufrichtig. Denn wer seinen Weg in Würde geht, braucht keine Schuldigen mehr – sondern nur noch Klarheit über sich selbst.

5.1 Warum die „Schuldfrage" nicht weiterhilft

Wer mitten in einer Krise steckt, sucht nach Ordnung. Nach einem Warum. Nach einem Grund, an dem man sich festhalten kann. Und oft ist die erste Reaktion: „Wer ist schuld?" Diese Frage ist menschlich – aber sie ist selten hilfreich. Denn sie führt fast nie zur Lösung. Sie führt zur Fixierung. Zur Verhärtung. Zum inneren Stillstand.

Die Schuldfrage schafft Täter und Opfer. Sie verleiht dem einen Macht – und dem anderen Ohnmacht. Und genau darin liegt ihr Problem: Sie richtet den Fokus nach außen. Und damit verhindert sie, dass sich im Inneren etwas bewegt. Wer nur fragt, wer schuld ist, bewegt sich nicht.

Schuld als scheinbare Ordnung

Es gibt einen trügerischen Trost in der Schuldzuweisung. Wenn man den Schuldigen gefunden hat, scheint die Welt wieder in Ordnung. Man weiß, wer „es war". Man hat eine Geschichte, ein Bild, eine Richtung. Und doch bleibt das eigentliche Gefühl oft bestehen: Hilflosigkeit. Wut. Resignation.
Denn in Wahrheit geht es selten nur um Schuld. Es geht um Schmerz. Um Enttäuschung. Um Kontrollverlust. Die Schuldfrage verdeckt diese Gefühle, statt sie zu lösen. Sie wird zur Bühne, auf der sich das Drama wiederholt – immer wieder, ohne Erlösung.

Schuld blockiert Entwicklung

Solange Schuld im Raum steht, kann sich nichts verändern. Denn Schuld bindet. Sie hält Menschen aneinander fest – durch Anklage, Rechtfertigung, Rückzug oder Trotz. Auch innerlich: Wer sich selbst die Schuld gibt, bleibt im Kreis aus Selbstabwertung und Versagensgefühl. Und wer die Schuld nur bei anderen sucht, gibt die eigene Gestaltungsmacht ab.
Verantwortung dagegen öffnet den Raum. Sie fragt nicht: „Wer war's?", sondern: „Was kann ich tun – ab jetzt?" Sie richtet sich auf den nächsten Schritt – nicht auf das vergangene Urteil. Und genau das macht sie heilsam: Sie befreit vom Zwang, alles zu verstehen oder zu klären. Sie erlaubt, aus der Vergangenheit herauszutreten – ohne sie zu verdrängen.

Die Falle der Rechthaberei

Oft vermischt sich die Schuldfrage mit dem Bedürfnis, recht zu behalten. „Ich habe alles richtig gemacht, der andere war schuld." Diese Haltung wirkt stabil – aber sie ist starr. Und sie verhindert echtes Wachstum. Denn in jeder Krise gibt es Anteile auf beiden Seiten. Selbst wenn der äußere Auslöser eindeutig erscheint: Wie ich damit umgehe, liegt bei mir. Ob ich mich verbittern lasse, fliehe, zuschlage oder hinsehe – das ist meine Entscheidung.

Wer bei sich bleibt, kann auch dem anderen seine Anteile lassen – ohne sich selbst aufzugeben. Und genau darin liegt echte Stärke: Nicht im Gewinnen der Schuldfrage. Sondern im Verlassen ihres Spielfelds.

Verantwortung statt Schuld: ein innerer Perspektivwechsel

Verantwortung bedeutet nicht, dass man alles verursacht hat. Sie bedeutet nur: Ich entscheide, was ich aus dem mache, was ist. Und das verändert alles. Denn aus dieser Haltung heraus wird selbst die schwierigste Erfahrung zum Lernfeld. Nicht sofort, nicht automatisch – aber Schritt für Schritt.

Ein Mensch, der Verantwortung übernimmt, wird handlungsfähig. Er sucht nicht länger nach Tätern, sondern nach Wegen. Er wartet nicht auf Gerechtigkeit – sondern gestaltet Klarheit. Und er braucht keine Rechthaberei mehr, weil er sich nicht mehr als Opfer definieren muss.

Abschied von der Schuldfrage ist kein Freispruch – sondern eine Befreiung

Es geht nicht darum, das Unrecht der Vergangenheit zu leugnen. Wer verletzt wurde, hat ein Recht auf Gefühl, auf Schmerz, auf Verarbeitung. Aber genau deshalb ist es so wichtig, die Schuldfrage nicht zum Zentrum des eigenen Denkens zu machen. Denn sie hält den Fokus auf den Anderen – und raubt die Kraft, sich selbst neu zu positionieren.

Wer sich entscheidet, nicht länger auf Schuld zu schauen, öffnet einen anderen Raum: Den Raum der Selbstverantwortung. Und das ist kein Druck – sondern eine stille Würde. Denn dort beginnt echte Freiheit. Nicht durch Recht – sondern durch innere Klarheit.

5.2 - „Verlass dich bloß nie auf andere – sonst bist du bald verlassen."

Dieter Bohlen

So schlicht dieser Satz klingt, so viel Wahrheit steckt in ihm. Nicht, weil man anderen Menschen grundsätzlich misstrauen müsste. Sondern weil jede übermäßige Erwartung an andere eine Einladung zur Enttäuschung ist. Wer sein inneres Gleichgewicht an äußere Verlässlichkeit knüpft, macht sich abhängig. Und wer zu oft enttäuscht wurde, zieht sich irgendwann zurück – aus Selbstschutz, aus Müdigkeit, aus stiller Bitterkeit.

Vertrauen ist kostbar. Aber es ist dann gesund, wenn es nicht zur Lebensversicherung wird. Wenn man auch dann stehenbleiben kann, wenn der andere wankt. Und genau hier liegt der Bogen zur Eigenverantwortung: Wer sich selbst führen kann, muss nicht kontrollieren – und auch nicht klammern. Er darf vertrauen. Aber er verliert sich nicht, wenn dieses Vertrauen enttäuscht wird.

Enttäuschung ist das Ende einer Täuschung – nicht das Ende der Welt

Jede Enttäuschung trägt im Kern eine Wahrheit: Man hat sich in jemandem – oder in einem Wunsch – getäuscht. Man wollte etwas sehen, das nicht da war. Oder man hat gegeben in der Hoffnung, etwas zurückzubekommen. Und als das nicht geschah, kam der Bruch. Das Ziehen im Bauch. Der Satz:

„Ich hätte es besser wissen müssen."

Doch genau hier liegt die Chance: Enttäuschung ist ein Aufwachen. Man sieht plötzlich klarer. Und dieser Moment, so schmerzhaft er sein mag, ist oft der Anfang von etwas Neuem. Denn wer die Verantwortung für seine Energie übernimmt, beginnt neu zu wählen, wem oder was er sie schenkt.

Vertrauen ja – aber nicht blind

Viele Menschen geraten nach wiederholten Enttäuschungen ins andere Extrem: völlige Verschlossenheit. Zynismus. Dauer-Skepsis. Doch das ist keine Freiheit – das ist ein inneres Gefängnis. Der Weg dazwischen heißt: waches Vertrauen. Vertrauen, das nicht auf Abhängigkeit basiert, sondern auf eigener Stabilität.

Wem Du vertraust, ist eine Entscheidung. Aber noch wichtiger: Wem Du nicht mehr Deine Energie gibst. Wer Dich immer wieder auslaugt, Dir Schuld zuweist oder Deine Grenzen übergeht – der muss nicht aktiv „entlarvt" werden. Es genügt oft, den Energiefluss zu kappen. Ohne Drama. Ohne Kampf. Sondern aus Klarheit heraus.

Energie als Maßstab für gesunde Verantwortung

In der Tiefe geht es immer wieder um dasselbe: Wohin fließt Deine Energie? Denn Energie ist Leben. Und wenn Du lernst, diese Energie bewusst zu steuern – statt sie permanent zu verlieren –, dann beginnt echte Verantwortung. Nicht als moralische Pflicht, sondern als kluge Selbstführung.

Verantwortung bedeutet in diesem Sinne:

- *Ich prüfe, wo ich innerlich auslaufe.*
- *Ich erkenne, wann ich mich verliere.*
- *Ich entscheide, wo ich bleiben will – und wo nicht.*
- *Ich achte auf mein Energielevel wie ein Gärtner auf sein Wasser.*

Das hat nichts mit Egoismus zu tun. Sondern mit innerer Reife.

Vertrauen und Verantwortung schließen sich nicht aus – sie bedingen einander

Ein Mensch, der bei sich ist, kann vertrauen. Nicht naiv. Nicht idealistisch. Sondern mit ruhigem Blick. Er weiß: Der andere darf anders entscheiden. Aber ich bleibe handlungsfähig. Ich verliere mich nicht in der Geschichte des anderen. Ich bleibe im Kontakt mit meinem eigenen inneren Kompass.

Dieter Bohlens Satz klingt hart – fast wie eine Warnung. Doch im Kern steckt etwas anderes: Ein Aufruf zur Wachheit. Nicht gegen andere – sondern für sich selbst.

Denn wer sich nicht mehr bedingungslos auf andere verlässt, wird freier. Er wird nicht kalt, sondern klar. Und er beginnt, die eigene Energie nicht mehr achtlos zu verschenken. Sondern dorthin fließen zu lassen, wo sie auch wurzeln kann.

Nicht blind auf Medien oder Politik verlassen

Auch im gesellschaftlichen Raum gilt dasselbe Prinzip: Wer sein Wohlbefinden, seine Hoffnung oder gar seine Wahrheit an Medien, Experten oder Politiker knüpft, begibt sich in eine gefährliche Abhängigkeit. Nicht, weil all diese Instanzen per se schlecht wären – sondern weil sie nicht Deine innere Führung ersetzen können.

Medien können informieren, aber sie müssen nicht immer die ganze Geschichte erzählen. Politik kann ordnen, aber sie kann nicht Deine persönliche Klarheit schaffen. Deshalb ist es klug, auch hier nicht blind zu vertrauen – sondern wachsam zu bleiben.

Nicht misstrauisch, aber selbstdenkend. Die eigene Energie sollte dorthin fließen, wo sie Wirkung entfaltet – im eigenen Leben, im direkten Umfeld, in klaren Entscheidungen. Alles andere ist gut zu beobachten, aber nicht zum Daran-Festhalten gedacht.

5.3 Haltung entwickeln: Der Mensch als Handelnder

In einer Zeit, in der vieles unübersichtlich geworden ist, gewinnt ein Wort zunehmend an Bedeutung: **Haltung.** Nicht im moralischen Sinne, nicht als Pose – sondern als innere Ausrichtung, die auch dann Bestand hat, wenn im Außen alles schwankt. Haltung ist nicht das, was man sagt, sondern das, was man lebt – **gerade dann, wenn niemand zuschaut.**

Der Mensch ist kein reines Reaktionswesen. Er ist – von seiner Natur her – ein handelndes Wesen. Doch in Krisenzeiten, bei Überforderung oder Enttäuschung, fällt genau das oft schwer: Man fühlt sich fremdbestimmt, ausgeliefert, innerlich blockiert. Und doch liegt genau hier der entscheidende Wendepunkt: in der Rückbesinnung auf die eigene Gestaltungskraft. Nicht spektakulär. Sondern im Kleinen. Im Täglichen. Im innerlich Klaren.

Vom Getriebenen zum Gestalter

Die moderne Welt produziert fortlaufend Impulse: Nachrichten, Erwartungen, Anforderungen. Wer darin keine eigene Haltung hat, wird zum Spielball dieser Kräfte. Er reagiert – aber er entscheidet nicht mehr. Haltung bedeutet, sich diesem Strudel nicht zu entziehen, sondern sich darin bewusst zu positionieren. Nicht gegen alles – aber auch nicht blind mit allem.

Ein Mensch mit Haltung sagt nicht: *„Ich kann nichts tun."* -
Er sagt: *„Ich kann nicht alles tun – aber ich kann etwas tun. Und das tue ich bewusst."* Das ist der Unterschied zwischen Passivität und innerer Reife. Zwischen Opferrolle und Handlung.

Haltung zeigt sich im Kleinen

Man muss kein Anführer sein, kein Idealist, kein Weltveränderer. Haltung beginnt oft dort, wo keiner applaudiert:

- Ein klares Nein, wo man früher geschwiegen hätte.
- Ein Ja zu sich selbst, auch wenn es unbequem ist.
- Das Loslassen eines Menschen, der einem nicht guttut.
- Das Stillbleiben in einer Welt, die dauernd rennt.
- Das Aushalten eines Gefühls, ohne es sofort zu betäuben.

Diese alltäglichen, oft unsichtbaren Handlungen formen das Rückgrat. Sie machen aus einem Getriebenen wieder einen Menschen, der bei sich ist – nicht perfekt, aber integriert.

Energie folgt Haltung

Haltung ist nicht nur eine Frage der Ethik – sie ist eine Frage der Energie. Wer keine Haltung hat, zerstreut seine Kraft. Wer bei jedem Windstoß die Richtung ändert, wird müde. Wer dagegen klar in sich steht, spürt seine Energie wieder. Sie wird gebündelt. Sie fließt dorthin, wo sie gebraucht wird – und versiegt dort, wo sie nichts bewirkt.

Deshalb ist Haltung kein Luxus, sondern eine stille Notwendigkeit. Sie spart Energie, weil sie Entscheidungen vereinfacht. Sie schützt vor Überforderung, weil sie Grenzen klärt. Und sie macht handlungsfähig – auch dann, wenn man nichts ändern kann, außer sich selbst.

Haltung bedeutet, in der eigenen Mitte zu stehen

Ein Mensch mit Haltung muss nicht kämpfen. Er muss nicht überzeugen. Er strahlt etwas aus, das andere spüren – ohne dass es erklärt werden muss. Es ist eine innere Ruhe, die aus einer Entscheidung kommt: Ich gehe meinen Weg. Mit offenem Blick, mit wachem Herzen, aber nicht mehr fremdbestimmt.
Diese Haltung macht unabhängig – nicht im Sinne von Rückzug, sondern im Sinne von innerer Freiheit. Wer seine Mitte kennt, braucht keine äußeren Sicherheiten mehr, um zu wissen, was richtig ist. Und genau darin liegt echte Würde.

Der Mensch als Handelnder

In einer Welt voller Meinung, Reiz und Passivität ist der Mensch, der bewusst handelt, eine Ausnahmeerscheinung. Nicht, weil er besser ist. Sondern weil er nicht auf den nächsten Impuls wartet, sondern bei sich beginnt. Weil er nicht mit dem Finger zeigt, sondern mit dem Fuß den ersten Schritt macht. Haltung macht nicht lauter – sie macht klarer. Und sie erinnert uns daran, dass wir mehr sind als das, was uns geschieht. Wir sind – in jedem Moment – auch das, was wir daraus machen.

Kapitel 6 – Die Kraft der Haltung

Nach dem Übergang von der Schuldfrage zur Selbstverantwortung stellt sich die nächste Frage fast von selbst: Wie bleibe ich mir treu, wenn im Außen alles schwankt? Die Antwort liegt nicht im Rückzug – und auch nicht im Kampf. Sie liegt in etwas Tieferem: in der Kraft der inneren Haltung.

Haltung ist mehr als Meinung. Sie ist auch mehr als Prinzipientreue. Echte Haltung zeigt sich nicht, wenn alles rundläuft – sondern dann, wenn es unbequem wird. Wenn Entscheidungen wehtun. Wenn man alleine dasteht. Wenn man schweigen könnte, aber sich entscheidet, zu stehen. Wer in solchen Momenten nicht umkippt, sondern bei sich bleibt, hat eine innere Kraft entwickelt, die heute selten geworden ist: Geradlinigkeit mit Weite. Klarheit ohne Härte. Tiefe ohne Pose.

In **Kapitel 6.1** „Was Haltung ist – und was nicht" wird dieser Begriff behutsam entwirrt. Es geht darum, sich von Meinungsstärke, Lautstärke und Moral-Inszenierung abzugrenzen – und zu erkennen, dass wahre Haltung im Stillen wächst. Anhand des Beispiels von Heiner Geißler wird greifbar, wie Haltung auch bedeutet, gegen den Strom zu stehen, wenn es dem eigenen Gewissen entspricht.

Kapitel 6.2 „Souverän bleiben, auch wenn alles wankt", zeigt, wie innere Ruhe zur Kraftquelle wird – nicht als Flucht, sondern als tragfähige Stabilität. Souveränität ist nicht das Gegenteil von Gefühl – sondern die Fähigkeit, Gefühle zu führen. Sie macht unabhängig – nicht durch Abgrenzung, sondern durch Selbstklärung.

Abschließend folgt in **Kapitel 6.3** „Stille Stärke statt lautem Aktionismus" – ein Plädoyer für das Innehalten vor dem Handeln. In einer Zeit, die von Reiz, Meinung und Sofort-Reaktion lebt, wird stilles Durchatmen fast zum Widerstand. Dieses Kapitel zeigt, warum gerade diese leise Form der Kraft heute so wertvoll ist – und wie man ihr Raum geben kann, ohne sich zurückzuziehen.

Kapitel 6 ist damit ein Übergang: vom Erkennen zur Ausrichtung. Von der Analyse zur inneren Erdung. Denn wer aus einer klaren Haltung heraus lebt, muss nicht lauter werden. Er wird klarer – und dadurch wirksam. Still und stark.

6.1 Was Haltung ist – und was nicht

Haltung ist eines dieser Wörter, das in der heutigen Zeit oft verwendet – aber selten verstanden wird. Es begegnet uns in Talkshows, auf Demonstrationen, in Leitartikeln und Social-Media-Profilen. Jeder scheint „Haltung zu zeigen". Doch wenn man genauer hinschaut, ist vieles davon eher Meinung als Haltung. Eher Reaktion als Substanz. Eher Stil als Standpunkt.

Echte Haltung ist leiser. Sie ist nicht auf Wirkung aus. Sie braucht kein Publikum. Und sie beginnt auch nicht dort, wo man lautstark gegen etwas ist. Sie beginnt im Stillen – bei der Entscheidung, wie man sich selbst führen will. Nicht nur bei Rückenwind. Sondern gerade dann, wenn es schwer wird.

Haltung ist keine Meinung

In einer Welt, in der jeder zu allem sofort etwas sagen kann, wird oft verwechselt: Meinung mit Haltung. Doch es ist ein großer Unterschied, ob ich etwas sage, oder ob ich es lebe. Meinung ist schnell geäußert. Haltung braucht Reife. Meinung ist oft laut – Haltung ist oft still.

Wer eine Haltung hat, fühlt sich nicht verpflichtet, alles zu kommentieren. Er muss nicht immer recht haben. Und er fällt nicht um, wenn er auf Widerspruch stößt. Im Gegenteil: Haltung bleibt auch dann stehen, wenn es unbequem wird. Sie ist keine Reaktion auf äußere Ereignisse – sondern ein innerer Maßstab.

Haltung ist nicht das Gleiche wie Sturheit

Haltung bedeutet nicht, stur auf seinem Standpunkt zu beharren. Im Gegenteil: Ein Mensch mit Haltung kann sich verändern, ohne sich zu verraten. Denn er weiß, dass Entwicklung nicht Widerspruch ist – sondern Wachstum. Und dass es manchmal Größe erfordert, eine alte Überzeugung loszulassen.

Sturheit kommt aus Angst. Haltung aus Klarheit. Sturheit verteidigt. Haltung überprüft. Sturheit klammert sich fest. Haltung bleibt stehen – und lässt los, was nicht mehr trägt.

Haltung ist keine Inszenierung

Viele verwechseln Haltung mit dem Wunsch, ein bestimmtes Bild von sich zu erzeugen: moralisch überlegen, gesellschaftlich engagiert, unangreifbar. Doch Inszenierung ist Hülle – keine Substanz. Haltung braucht keine Bühne. Sie wirkt nicht durch Worte, sondern durch Konsequenz.

Ein Mensch mit Haltung muss sich nicht darstellen. Er tut, was er als richtig erkannt hat – auch wenn niemand klatscht. Auch wenn niemand zusieht. Und gerade darin liegt ihre Kraft: Haltung ist spürbar, nicht sichtbar.

Haltung entsteht aus innerer Arbeit

Man kann Haltung nicht „haben", wie man ein Möbelstück besitzt. Haltung entwickelt sich. Durch Erfahrungen. Durch Irrtümer. Durch Krisen. Wer nie gezweifelt hat, wird kaum echte Haltung entwickeln. Denn Haltung entsteht dort, wo man geprüft wurde – und nicht geflohen ist.

Sie ist kein Geschenk, sondern eine Frucht. Und sie wächst oft langsam, im Schatten. Nicht durch Worte, sondern durch Entscheidungen. Nicht durch Positionierung, sondern durch Auseinandersetzung. Wer sich seiner Geschichte stellt – und trotzdem aufrecht bleibt – hat Haltung. Vielleicht nicht für andere sichtbar. Aber spürbar. Und tragfähig.

Haltung bedeutet, zu unbequemen Wahrheiten zu stehen

Echte Haltung zeigt sich besonders dann, wenn es unbequem wird – wenn man mit seinen Überzeugungen aneckt, auch innerhalb der eigenen Gemeinschaft. Ein eindrucksvolles Beispiel dafür ist Heiner Geißler. Als prominenter CDU-Politiker und langjähriger Generalsekretär seiner Partei vertrat er wiederholt Positionen, die nicht dem Mainstream der CDU entsprachen. So prägte er den Begriff der „Neuen Sozialen Frage" und forderte eine stärkere Beachtung sozialer Gerechtigkeit. Er kritisierte die Hartz-IV-Reformen als „in einigen Punkten falsch konzipiert" und bezeichnete sie später als würdelos. Zudem trat er der globalisierungskritischen Organisation Attac bei, was innerhalb der CDU für Aufsehen sorgte. Geißler blieb trotz Kritik standhaft und sagte:

„

Wir sind kein geistiges Sultanat, die CDU, wo ein Obermufti bestimmt, was die Leute denken oder sagen sollen."

Was bleibt, wenn das Außen wankt

Am Ende zeigt sich Haltung nicht im Reden – sondern im Bleiben. Im Aushalten. Im Klarsein. In der Frage:
Wer bin ich, wenn niemand zusieht? Was tue ich, wenn keiner applaudiert? Was bleibt von mir, wenn ich alles verliere – außer mich selbst?

Haltung ist das innere Geländer, wenn die Welt ins Wanken gerät. Kein Dogma. Kein Etikett. Sondern ein stiller, aufrechter Zustand. Und vielleicht ist das heute radikaler als jede Meinung: Bei sich bleiben. Ohne Maske. Ohne Show.

Einfach echt.

6.2 Souverän bleiben, auch wenn alles wankt

Es gibt Momente im Leben – und in der Welt –, da scheint nichts mehr sicher zu sein. Alte Gewissheiten brechen weg. Menschen, denen man vertraut hat, zeigen ein anderes Gesicht. Systeme, auf die man gebaut hat, geraten ins Wanken. In solchen Zeiten zeigt sich, wie tief jemand steht – nicht durch seine Worte, sondern durch seine innere Ruhe.

Souveränität ist nicht Arroganz. Sie ist auch keine Maske. Wahre Souveränität entsteht dort, wo ein Mensch gelernt hat, bei sich zu bleiben, auch wenn das Außen tobt. Und genau das ist heute eine seltene Kraft. Denn das Tempo, die Reizflut, die emotionalen Spannungen – sie ziehen fast jeden mit. Es braucht bewusste innere Arbeit, um sich davon nicht dauerhaft erschöpfen zu lassen.

Souveränität beginnt im Innen – nicht im Status

Viele verwechseln Souveränität mit äußerer Stärke: ein sicherer Auftritt, ein fester Blick, vielleicht beruflicher Erfolg. Doch echte Souveränität hat mit all dem wenig zu tun. Sie zeigt sich nicht im Standing, sondern in der Stabilität unter Druck. In der Gelassenheit, wenn andere laut werden. In der Klarheit, wenn andere sich verlieren.

Ein souveräner Mensch muss nicht beweisen, dass er souverän ist. Er ist es – weil er sich selbst führen kann. Er kennt seine Werte. Er kennt seine Grenzen. Und er weiß, wann es besser ist, zu schweigen, statt in jedes Drama einzusteigen.

Gerade wenn alles wankt, wird innere Standfestigkeit sichtbar

Krisen bringen vieles durcheinander – aber sie bringen auch vieles ans Licht. Sie zeigen, wer nur mitläuft – und wer aus einer inneren Haltung heraus lebt. Wenn Pläne nicht mehr aufgehen, wenn Sicherheiten verschwinden, wenn Beziehungen brechen – dann zeigt sich, wer sich selbst genug kennt, um nicht unterzugehen.

Diese Standfestigkeit ist keine Starre. Sie ist beweglich – aber nicht beliebig. Ein souveräner Mensch kann zuhören, abwägen, sich neu orientieren – ohne seine Mitte zu verlieren. Er ist wie ein tief verwurzelter Baum: Er biegt sich im Wind, aber er fällt nicht.

Souveränität ist stille Energie

Wer souverän ist, strahlt etwas aus. Nicht Lautstärke. Nicht Überlegenheit. Sondern eine Form von Energie, die nicht auf Reaktion angewiesen ist. Man spürt: Hier ist jemand bei sich. Nicht unantastbar – aber auch nicht manipulierbar.

Diese Energie entsteht aus einem klaren Umgang mit sich selbst. Aus Selbstachtung. Aus Integrität. Und aus der Fähigkeit, sich nicht vom Reiz des Moments vereinnahmen zu lassen. Das bedeutet nicht, gefühllos zu sein – im Gegenteil: Es bedeutet, Gefühle zu kennen, aber sich nicht von ihnen treiben
zu lassen.

Souveränität heißt auch: Nicht alles glauben, nicht alles brauchen

In unsicheren Zeiten ist es leicht, in Meinungen zu flüchten. In Gruppen, in Parolen, in Systeme, die versprechen, dass alles wieder „gut" wird. Doch ein souveräner Mensch braucht keine absolute Sicherheit. Er hält Ambivalenz aus. Er glaubt nicht alles, was laut gesagt wird. Und er prüft genau, was er an sich heranlässt. Das gilt auch für Medien, für Autoritäten, für Erwartungen. Souveränität bedeutet, seinen eigenen Filter zu entwickeln. Einen gesunden Abstand zu behalten – ohne sich zu entkoppeln. Denn wer sich selbst führen kann, braucht keine ständige Führung von außen.

Souveränität als Form von Verantwortung

Ein souveräner Mensch übernimmt Verantwortung – aber nicht für alles. Er kennt seinen Wirkungskreis. Er weiß, was er gestalten kann – und was nicht. Und er akzeptiert, dass nicht alles „gut werden" muss, damit er seinen Weg gehen kann.Gerade in schwierigen Zeiten ist Souveränität keine Heldentat, sondern eine Haltung:

* *Ich bleibe bei mir.*
* *Ich lasse mich nicht treiben.*
* *Ich handle – aber ich muss nicht kämpfen.*
* *Ich vertraue meinem inneren Kompass, auch wenn die Karten gerade neu gezeichnet werden.*

Souveränität ist der stille Raum zwischen Reiz und Reaktion. Und vielleicht ist dieser Raum heute das Wertvollste, was wir für uns – und für andere – pflegen können.

Die Energie der Geradlinigkeit

Geradlinigkeit ist nicht Härte. Sie ist auch kein stures Beharren auf einem Kurs. Vielmehr ist sie Ausdruck einer innerlich geklärten Ausrichtung, die den eigenen Werten treu bleibt – auch dann, wenn Umwege locken oder Widerstand auftaucht. Wer geradlinig lebt, spart Energie. Nicht, weil er weniger erlebt, sondern weil er weniger korrigieren muss. Er kennt seine Richtung. Er muss sich nicht ständig neu rechtfertigen, nicht verbiegen, nicht nach außen gefallen. Und gerade dadurch entsteht eine ganz eigene Kraft: die stille Energie der Kohärenz. Sie entsteht, wenn Denken, Fühlen und Handeln übereinstimmen. Wenn der Mensch nicht in ständiger Spannung zwischen Selbstbild und Fremdbild lebt. Diese Energie ist tief, tragfähig und – im besten Sinne – ansteckend. Denn wer geradlinig lebt, wird zum ruhenden Pol für andere. Ohne Lautstärke. Einfach durch das, was er ist.

Die unsichtbaren Preise – Energieverluste, die man nicht sieht

Viele Angebote, die auf den ersten Blick harmlos oder gar attraktiv wirken, tragen in Wahrheit einen unsichtbaren Preis. Ein Rabatt, eine Gratis-App, ein Log-in-Bonus, eine Verlosung – all das scheint günstig oder geschenkt, aber es kostet etwas. Nicht in Euro, sondern in Bewusstseinsenergie. Denn mit jedem Klick, mit jedem „Zustimmen" gehen kleine Datenströme ab – und damit auch Aufmerksamkeit, Profilinformationen, Verhaltensmuster. Was folgt, ist oft eine Lawine an Werbung, Tracking, Reizüberflutung. Und diese Reize fordern etwas vom Nervensystem: ständige Verarbeitung, ständige Auswahl, ständiges Filtern.

Das Gleiche gilt im echten Leben: Ein „tolles Angebot", das eigentlich nicht gebraucht wird, zieht Speicherplatz, Raum, manchmal sogar Schuldgefühle nach sich („Ich hab's gekauft, also sollte ich es auch nutzen"). Selbst Gespräche, Verabredungen, scheinbar nette Gesten können einen energetischen Preis haben – wenn sie nicht aus Klarheit, sondern aus Anpassung, Erwartung oder Pflichtgefühl entstehen. Diese Formen des Energieverlusts sind subtil. Sie stehen auf keinem Kontoauszug, aber sie zehren, jeden Tag. Und deshalb ist Geradlinigkeit nicht nur eine Frage der Haltung – sie ist ein Schutzschild gegen das feine Abziehen von innerer Kraft. Wer bewusst lebt, fragt nicht nur *„Was kostet es?"*, sondern auch: *„Was zieht es mir ab?"*

6.3 Stille Stärke statt lautem Aktionismus

Es liegt in der Natur der Krise, dass sie nach Bewegung ruft. Wenn etwas zusammenbricht, will der Mensch instinktiv handeln, reparieren, reagieren. Bewegung vermittelt Kontrolle. Und Lautstärke vermittelt Handlungsfähigkeit – zumindest auf den ersten Blick. Doch nicht jede Bewegung ist sinnvoll. Und nicht jede Reaktion ist echte Antwort.

Was in vielen Lebenssituationen fehlt, ist nicht Aktion – sondern Substanz. Nicht Tun um des Tuns willen, sondern ein kraftvoller Punkt der Sammlung, aus dem Handlung überhaupt erst entstehen kann. Denn echter Wandel kommt selten aus dem Lärm. Er kommt aus der Stille. Aus einem Zustand, in dem Klarheit wachsen darf, bevor sie nach außen tritt.

Wenn Reaktion zur Ersatzhandlung wird

Der laute Aktionismus, den wir so oft erleben – in Medien, in Politik, in Unternehmen, auch im Privaten – ist oft Ausdruck von innerer Unruhe. Man spürt, dass etwas nicht stimmt. Aber statt innezuhalten, beginnt man zu senden: Meinungen, Maßnahmen, Aktivität. Hauptsache, etwas geschieht. Hauptsache, man sieht, dass man „etwas macht".

Doch diese Art von Tun zieht Energie, statt sie zu bündeln. Es ist ein nervöses Rudern im Nebel – nicht selten in die falsche Richtung. Die Handlung ersetzt die Auseinandersetzung. Und genau deshalb wirkt sie nicht tief, sondern flach. Stille Stärke dagegen wirkt anders: Sie wartet nicht. Aber sie überstürzt nichts. Sie beobachtet, sammelt – und handelt dann gezielt.

Die Kraft der Sammlung

Stille Stärke ist kein Rückzug. Sie ist die Kunst, die eigene Energie nicht zu zerstreuen. Wer nicht alles sofort kommentiert, bewertet oder bekämpft, gewinnt eine andere Art von Präsenz: die Fähigkeit, klar zu sehen, ohne von Reizen getrieben zu sein.

Diese Sammlung erzeugt Tiefe. Und Tiefe erzeugt Wirksamkeit. In Gesprächen. In Entscheidungen. In Begegnungen. Ein Mensch mit stiller Stärke muss nicht überzeugen – er ist überzeugt. Nicht starr, sondern klar. Nicht laut, sondern stabil.

Stille Stärke bedeutet: Ich bin bei mir – auch wenn es außen tobt

In Zeiten äußerer Unruhe braucht es nicht mehr Lautstärke – sondern mehr Klarheit im Innern. Wer ständig sendet, verliert irgendwann den Empfang. Wer pausenlos handelt, verpasst oft den entscheidenden Moment. Wer dagegen in der Lage ist, sich zu zentrieren, zu verlangsamen, aus der Tiefe heraus zu handeln – der wird zum Gegenpol in einer aufgeregten Welt.

Solche Menschen fallen nicht durch Worte auf. Sondern durch Wirkung. Man spürt: Hier ist jemand, der sich nicht verlieren muss, um da zu sein. Der nicht kämpft, aber auch nicht weicht. Der nicht überzeugt – und genau deshalb überzeugt.

Stille Stärke als Form der Energiepflege

Aktionismus ist oft wie ein Feuerwerk: laut, kurz, erschöpfend. Stille Stärke dagegen ist wie eine Glut: konstant, nährend, tragfähig. Sie wirkt im Hintergrund – aber sie wärmt. Und sie bleibt. Wer gelernt hat, seine Energie zu halten – statt sie sofort zu verschießen –, wird langfristig wirksamer. Nicht, weil er mehr tut. Sondern weil er zur richtigen Zeit das Richtige tut.

Diese Form der inneren Führung ist leise. Aber sie ist stark. Sie ist nicht spektakulär – aber sie ist stabil. Und genau das fehlt oft in der heutigen Zeit: Menschen, die nicht schreien müssen, um gehört zu werden. Die nicht kämpfen müssen, um präsent zu sein. Und die nicht folgen müssen, weil sie längst wissen, wohin sie gehören.

Stille Stärke ist Haltung in Aktion. Kein Widerstand gegen das Außen – sondern ein ruhiger, entschlossener Standpunkt im Innern. Und genau das ist heute eine der kraftvollsten Antworten auf eine Welt, die sich selbst immer wieder verliert: ein Mensch, der bei sich bleibt. Klar. Wach. Und bereit.

7.1 Wer bin ich – und wer wäre ich ohne Krise?

Jede Krise wirft eine grundlegende Frage auf: Wer bin ich – wirklich? Nicht im Lebenslauf, nicht auf Visitenkarten, nicht im Vergleich mit anderen. Sondern ganz innen. Unter dem, was ich gelernt habe zu zeigen. Unter dem, was ich glaube sein zu müssen. Unter dem, was andere in mir sehen wollen.

Krisen legen frei, was sonst verborgen bleibt. Sie reißen die Fassade nicht aus Bosheit ein – sondern weil sie nicht mehr trägt. Und genau darin liegt ihre Kraft: Sie konfrontieren uns mit dem, was übrig bleibt, wenn das Außen zerbricht. Wenn Rollen wackeln. Wenn Sicherheiten verschwinden. Wenn kein Applaus mehr da ist – und kein Gegenüber, das uns „einordnet".

Und dann: Steht man da. Oft müde. Verunsichert. Aber auch: ehrlich. Ohne Maske. Ohne Haltungsspiel. Nur mit sich selbst.

Krisen als Spiegel – nicht als Gegner

Wer eine Krise nur als Störung sieht, wird kämpfen. Wer sie als Spiegel erkennt, beginnt zu sehen. Und zwar sich selbst – nicht so, wie man gerne wäre, sondern so, wie man geworden ist. Mit Licht und Schatten. Mit Stärken und Selbstlügen. Mit Sehnsucht und Schmerz.

Es ist dieser Blick, der heilsam sein kann – wenn man ihn zulässt. Denn oft ist die Vorstellung, „wer man ist", nur ein Konstrukt: aus Erwartungen, Prägungen, Kompensationen. Die Krise kratzt an dieser Fassade – nicht um sie zu zerstören, sondern um zu zeigen, was darunter gewachsen ist. Oder noch wachsen möchte.

Wer wäre ich ohne die Krise?

Eine Frage, die man sich inmitten des Sturms kaum stellt – aber sie ist zentral: Wer wäre ich ohne diesen Zusammenbruch? Ohne diese Enttäuschung? Ohne diesen Bruch mit der alten Welt?

Die Antwort fällt selten einfach aus. Manche Krisen formen uns – weil sie uns lehren, zu unterscheiden. Andere ent-täuschen uns – und befreien damit von etwas, das nie echt war. Und manche werfen uns so tief auf uns selbst zurück, dass wir zum ersten Mal ehrlich hinsehen müssen.

Vielleicht wäre man ohne Krise erfolgreicher gewesen – aber hohl. Oder angenehmer für andere – aber leer. Oder sicherer unterwegs – aber fremd im eigenen Leben. Krisen unterbrechen den Autopiloten. Und genau das macht sie so wertvoll – wenn man bereit ist, den eigenen Weg neu zu entdecken.

Die Wahrheit hinter der Rolle

Jeder Mensch lebt in Rollen: der Verlässliche, die Starke, der Erfolgreiche, die Angepasste, der Macher. Manche dieser Rollen sind nützlich. Andere: schädlich. Und viele sind irgendwann einfach zu eng. Die Krise zeigt das – oft rücksichtslos. Sie macht sichtbar, wo das alte Selbstbild nicht mehr zur inneren Wahrheit passt. Und dann wird's spannend: Habe ich den Mut, mich neu zu sehen? Nicht in Abgrenzung, nicht im Trotz – sondern aus einer tiefen Ehrlichkeit heraus. Was habe ich bisher gespielt? Und was davon bin wirklich ich?

Diese Fragen tun weh – aber sie klären. Und manchmal ist es genau dieser Moment der Krise, der einen Menschen zum ersten Mal bei sich selbst ankommen lässt.

Krise als Geburtshelfer des echten Selbst

Nicht jede Krise führt zu mehr Tiefe. Aber jede Krise bietet die Chance dazu. Sie fragt leise, aber unerbittlich: Willst Du Dich wirklich sehen – oder weitermachen wie bisher?

Wer diese Frage annimmt, erkennt: Ich bin nicht nur das, was mir passiert ist. Ich bin auch das, was ich daraus mache. Ich bin nicht die Summe meiner Verletzungen. Ich bin derjenige, der sich entscheidet, welche Geschichte ich daraus formuliere. Und welche Haltung ich darin finde.

Und vielleicht ist das die größte Kraft der Krise: Dass sie uns die Maske vom Gesicht nimmt – um endlich das echte Gesicht freizulegen. Nicht perfekt.

Aber echt. Und bereit.

7.2 Frühprägungen erkennen (Kindheit, Umfeld, Denkweisen)

Die meiste Zeit leben wir in einem Selbstbild, das wir nie bewusst gewählt haben. Es ist nicht „falsch" – aber es ist entstanden. Gewachsen aus dem, was wir erlebt, beobachtet, übernommen und kompensiert haben. Besonders in den ersten Lebensjahren entsteht ein Fundament, das unser Denken und Fühlen tief prägt. Ohne Worte. Ohne Erklärung. Aber mit Wirkung.

Kindheit ist nicht vorbei, nur weil wir erwachsen sind. Was wir als Kind über Nähe, Leistung, Sicherheit, Konflikt oder Selbstwert gelernt haben, lebt weiter in uns – oft unbemerkt. Und genau deshalb ist es so wertvoll, sich diesen Prägungen zuzuwenden: nicht um zu richten, sondern um zu erkennen.

Was wir früh erleben, formen wir zu „Wahrheit"

Ein Kind hinterfragt nicht. Es spürt. Und es passt sich an. Denn seine größte Angst ist nicht das Scheitern, sondern das Verlassenwerden. Also beginnt es, aus seinem Umfeld Regeln abzuleiten:

- *Wenn ich leiste, werde ich gesehen.*
- *Wenn ich still bin, bleibe ich sicher.*
- *Wenn ich widerspreche, verliere ich Nähe.*
- *Wenn ich mich anpasse, bleibt der Frieden.*

Diese „Lösungen" sind für das Kind oft überlebenswichtig. Aber sie werden zur inneren Schablone, durch die auch der Erwachsene später die Welt sieht – oft unbewusst, aber konstant.

Das Umfeld formt Denkweisen – nicht nur durch Worte

Es sind nicht nur Erlebnisse, die uns prägen. Es ist die Atmosphäre, in der wir groß werden:

- Wurde über Sorgen gesprochen – oder geschwiegen?
- Gab es Raum für Fehler – oder wurden sie bestraft?
- War Nähe selbstverständlich – oder musste sie „verdient" werden?
- Wurde geliebt – oder geleistet?

Auch scheinbar „harmlose" Familiendynamiken – etwa das ständige Funktionieren, das Beschwichtigen, das Nicht-Auffallen – können tiefe Spuren hinterlassen. Wer z. B. gelernt hat, eigene Bedürfnisse zurückzustellen, wird als Erwachsener oft Schwierigkeiten haben, Grenzen zu setzen – oder sich selbst ernst zu nehmen.

Krisen aktivieren alte Programme

Warum reagieren manche Menschen in Krisen so stark, während andere ruhig bleiben? Ein Teil der Antwort liegt in der Aktivierung alter Muster. In Momenten der Unsicherheit „springen" oft früh gelernte Denkweisen an:

- *Ich bin schuld.*
- *Ich muss das alleine schaffen.*
- *Ich darf nicht zur Last fallen.*
- *Ich bin es nicht wert, dass man bleibt.*

Diese inneren Sätze wirken wie eingefräste Pfade. Sie führen uns zu bestimmten Entscheidungen, oft ohne dass wir wissen, warum. Und sie rauben Kraft – nicht weil sie wahr sind, sondern weil sie nie bewusst hinterfragt wurden.

Erkennen ist kein Anklagen – sondern ein Aufwachen

Es geht nicht darum, die Eltern oder das Umfeld zu kritisieren. Die meisten Menschen haben ihr Bestes gegeben – mit dem, was sie selbst gelernt hatten. Aber solange wir die alten Muster nicht erkennen, leben wir aus der Vergangenheit heraus. Und lassen uns von Prägungen steuern, die uns heute nicht mehr dienen.

Erkennen heißt:

- innehalten,
- beobachten,
- sortieren,
- und langsam neu wählen.

Manche Muster lösen sich schon beim Erkennen. Andere brauchen Geduld, Wiederholung, manchmal Unterstützung. Aber jeder bewusste Schritt macht frei.

Die Würde des eigenen Weges zurückerobern

Frühprägungen sind wie Wurzeln. Manche nähren uns, andere halten uns klein. Doch sobald wir wissen, welche Denkweisen aus alten Programmen stammen – und welche aus dem heutigen Ich – beginnt echte Freiheit. Nicht durch Kampf, sondern durch Klarheit.

Der erwachsene Mensch ist nicht das Kind von früher – aber er trägt es noch in sich. Wer diesem inneren Kind heute zuhört, ihm Schutz gibt und seine Stimme ernst nimmt, beginnt, sein Selbstbild neu zu schreiben. Nicht idealisiert, nicht überhöht – sondern ehrlich, klar und gewachsen.

Und vielleicht ist genau das der wichtigste Schritt in Richtung Heilung:

Nicht sich neu erfinden. Sondern sich endlich erkennen.

Von der Wut zur Klarheit – ein innerer Wandel

Wenn ich heute auf mein früheres Ich zurückblicke, dann fällt mir manchmal auf, wie sehr ich mich verändert habe – nicht nur äußerlich, sondern auch in meinem Temperament. Als Kind hatte ich eine durchaus cholerische Veranlagung, die ich eindeutig von meinem Vater geerbt hatte. Es war nicht einfach nur Impulsivität, es war eine echte Reizbarkeit – ein inneres Feuer, das schnell hochschoss, wenn etwas nicht passte. Und ich weiß noch, wie heftig sich das manchmal entlud. Diese explosive Energie war nicht geschauspielert – sie war echt. Und sie war belastend – für mich selbst und für andere.

Bis etwa zum fünfzehnten Lebensjahr war dieses Muster ziemlich ausgeprägt. Erst in meiner Schulzeit, dann vor allem in der Zeit danach, begann sich das zu verändern. Ich konnte mich besser integrieren, fand meinen Platz, beobachtete viel. Das stille, reflektierende Denken – das ich als Kind schon hatte – bekam mehr Raum. Und je mehr ich die Welt von außen betrachtete, desto weniger wurde ich von innen gesteuert.

Der eigentliche Wendepunkt kam allerdings mit dem Auszug aus dem Elternhaus. Es war, als hätte ich damit nicht nur räumlich, sondern auch innerlich einen neuen Grundton gefunden. Der äußere Druck war weg. Die ständigen Spannungen im familiären Gefüge lösten sich auf. Und mit ihnen auch der Reiz, ständig reagieren zu müssen. Ich wurde ruhiger. Nicht gleichmütig im Sinne von gleichgültig – sondern gefasster.

Heute bin ich kein cholerischer Mensch mehr.

Nicht, weil ich gelernt habe, mich zu unterdrücken, sondern weil ich verstanden habe, dass Wut oft ein schlechter Berater ist. Und weil ich für mich entschieden habe: Ich will nicht mehr zulassen, dass ein einziger Moment mir meine Klarheit nimmt.

Das bedeutet nicht, dass ich nichts mehr fühle. Im Gegenteil. Ich spüre sehr genau, wenn mich etwas ärgert, verletzt oder überfordert. Aber ich lasse diese Energie nicht mehr eskalieren. Ich ziehe mich zurück, wenn nötig. Ich breche Gespräche ab, wenn sie destruktiv werden. Ich gewinne Land – bevor ich die Kontrolle verliere.

Vielleicht ist das die stille Kunst des Älterwerdens: Nicht mehr alles rauslassen, sondern lernen, mit sich selbst so umzugehen, wie man es sich von anderen wünschen würde.

Respektvoll, wach und klar.

Es hat viele Jahre gedauert, bis ich an diesem Punkt war. Aber heute bin ich dankbar dafür. Denn die Kraft, die früher in den Ausbrüchen verpufft ist, steht mir heute zur Verfügung – für die Dinge, die mir wirklich wichtig sind.

Respekt beginnt bei mir selbst

Wenn ich heute auf meine cholerischen Phasen zurückblicke, erkenne ich etwas, das ich damals nicht benennen konnte: Es fehlte mir nicht nur an Gelassenheit – es fehlte mir an Selbstrespekt. Wut entsteht oft dort, wo man sich überfordert, nicht gesehen oder ohnmächtig fühlt. Man will sich behaupten, verteidigen, durchsetzen – gegen etwas im Außen. Aber in Wahrheit kämpft man oft gegen ein Gefühl im Inneren:

Nicht ernst genommen zu werden. Nicht gewürdigt. Nicht gehört.

Damals hatte ich das nicht bewusst verstanden. Ich war überzeugt, mein Zorn sei gerechtfertigt. Vielleicht war er das auch in Teilen. Aber heute sehe ich klarer:

Wirklicher Respekt gegenüber anderen ist kaum möglich, wenn man sich selbst nicht respektiert. Und Selbstrespekt bedeutet nicht, sich aufzublasen – sondern ehrlich mit sich selbst umzugehen. Respekt beginnt da, wo ich mir selbst zugestehe, dass meine Gefühle berechtigt sind – aber mein Verhalten trotzdem meine Entscheidung bleibt.

Es ist die Haltung, sich selbst nicht kleinzumachen – aber auch nicht größer, als man ist. Es ist der stille Satz:

Ich weiß, wer ich bin – und deshalb muss ich mich nicht mehr beweisen.

Aus dieser Haltung heraus konnte ich lernen, mit Konflikten anders umzugehen. Nicht mehr laut zu werden, sondern klar. Nicht mehr zu dominieren – sondern Grenzen zu ziehen, ohne zu verletzen.

7.3 Der eigene blinde Fleck

Manchmal ist es nicht die Krise selbst, die uns am meisten herausfordert – sondern die Menschen, denen wir in ihr begegnen. Ihre Reaktionen, ihre Urteile, ihre Distanz oder Nähe. Oft sind es genau diese Momente, in denen wir plötzlich tief getroffen sind – ohne dass wir auf Anhieb sagen könnten, warum. Ein harmloser Kommentar, ein abweisender Blick, eine Geste der Gleichgültigkeit – und irgendetwas in uns wird aktiviert. Stark. Unverhältnismäßig. Schmerzhaft.

Das ist kein Zufall. Es ist ein Spiegel. Und dieser Spiegel zeigt nicht den anderen – sondern uns selbst. Genauer gesagt: das, was wir selbst (noch) nicht sehen können – unseren blinden Fleck.

Andere als Projektionsfläche – oder als Resonanzboden?

Was uns an anderen stört, hat oft mehr mit uns zu tun als mit ihnen. Das ist kein moralisches Urteil, sondern eine Einladung zur Selbsterkenntnis. Denn unser Inneres „liest" andere Menschen ständig – auf Basis unserer Erfahrungen, Prägungen und offenen Themen. Und genau deshalb lösen manche Menschen so viel aus, während andere an uns vorbeigehen wie ein Windhauch.

Jemand, der laut und fordernd auftritt, könnte genau die alte Ohnmacht in uns berühren, die wir nie zugeben wollten. Jemand, der überheblich wirkt, könnte unseren eigenen Selbstwert infrage stellen. Und jemand, der sich entzieht, kann alte Verlassenheitswunden anrühren – selbst wenn das Verhalten objektiv harmlos ist.

Der Spiegel zeigt, was nicht integriert ist

Das, was wir bei anderen „nicht ertragen", ist oft das, was wir in uns selbst abgespalten haben:

- Der laute Mensch triggert unser eigenes Bedürfnis, gehört zu werden.
- Die kontrollierte Kollegin spiegelt unser inneres Chaos.
- Der unzuverlässige Freund konfrontiert uns mit unserer eigenen Angst, nicht wichtig zu sein.
- Die dominante Partnerin rührt in alten Geschichten, in denen wir machtlos waren.

Der Spiegel ist nie angenehm. Aber er ist ehrlich. Und wer es wagt, dort hinzu-schauen, wo es schmerzt, erkennt oft eine Wahrheit, die längst darauf gewartet hat, gesehen zu werden.

Der blinde Fleck ist kein Fehler – sondern ein Hinweis

Niemand sieht sich selbst ganz. Wir alle haben blinde Flecken. Das ist mensch-lich. Entscheidend ist nicht, ob wir sie haben – sondern wie wir damit umgehen. Ob wir sie ignorieren, rechtfertigen, auf andere projizieren – oder ob wir den Mut finden, hinzuschauen.

Der blinde Fleck ist oft der Punkt, an dem Entwicklung möglich wird. Denn dort steckt Energie – gebundene, verdrängte, abgespaltene Kraft. Und wenn wir be-ginnen, diese Energie zu reintegrieren, wachsen wir innerlich. Nicht in Theorie, sondern in gelebter Klarheit.

Nicht jede Reaktion ist Spiegel – aber jede lohnt das Hinschauen

Natürlich ist nicht jede Irritation eine Projektion. Es gibt echte Grenzverletzun-gen, reale Übergriffe, objektiv schwierige Menschen. Und doch lohnt sich in fast jeder Begegnung die Frage:

- Was genau trifft mich gerade?
- Was daran kenne ich – aus mir selbst?
- Wo war dieses Gefühl schon einmal in meinem Leben?

Diese Fragen führen nicht zur Selbstverurteilung. Sondern zur Selbstbegegnung. Sie machen uns unabhängig – weil wir nicht mehr auf den anderen fixiert sind, sondern bei uns selbst ankommen.

Wachheit im Umgang mit dem Spiegel

Wer den Spiegel versteht, wird wacher. Nicht misstrauisch – sondern klarer. Er nimmt andere nicht mehr nur als Störfaktor wahr, sondern als Resonanzraum. Und dadurch entsteht etwas Neues: innere Gelassenheit. Weniger Reaktion. Mehr Klarheit.

Man muss nicht jedem Spiegel zustimmen. Aber man kann jedem Spiegel zuhören. Und manchmal reicht das schon, um den eigenen blinden Fleck einen Moment lang zu beleuchten. Mehr braucht es oft gar nicht – nur diesen Moment des Erkennens.

Wachheit macht Entscheidungen klarer – und das Leben leichter

Wer beginnt, den Spiegel ernst zu nehmen, entwickelt fast automatisch etwas, das viele verwechseln mit Stärke: Selbstbewusstsein – im ursprünglichen Sinne des Wortes. Also: ein Bewusstsein über sich selbst. Und dieses Bewusstsein verändert alles. Man erkennt schneller, wann eine Reaktion aus alten Mustern kommt – und wann aus echter Klarheit. Man merkt früher, ob man etwas wirklich will – oder nur glaubt, es tun zu müssen.

Und genau dadurch entstehen bessere Entscheidungen. Nicht perfekte, aber stimmige. Entscheidungen, die nicht nur kurzfristig beruhigen, sondern langfristig tragen. Und das wiederum macht es leichter, durch die Krise zu gehen. Nicht, weil sie weniger fordernd wird – sondern weil man ihr mit sich selbst an der Seite begegnet.

Wach. Klar. Und bereit, daran zu wachsen.

Schon gewusst?

Vertrauen wächst nicht durch ständige Zustimmung, sondern durch Integrität. In Umfragen geben über 70 % der Befragten an, dass sie Menschen eher vertrauen, wenn diese auch mal gegen den Strom schwimmen – solange sie begründen können, warum.

Kapitel 8 – Freezeouts, KI und der innere Spiegel

Manchmal sind es nicht die äußeren Ereignisse, die uns am meisten verändern – sondern die Stille danach. Die Leere. Der Moment, in dem kein Gespräch mehr möglich ist, kein Impuls mehr von außen kommt. Wenn man alleine dasteht – nicht unbedingt einsam, aber auf sich zurückgeworfen. Diese Phasen im Leben sind unangenehm. Und doch bergen sie eine besondere Kraft: Sie schaffen Raum für echte Innenschau.

Kapitel 8 widmet sich diesen besonderen Momenten: den sogenannten Freezeouts, in denen der Kontakt zu einem Menschen plötzlich abbricht oder sich stark verändert – oft ohne klare Erklärung. Wer bereit ist, sich nicht nur auf das „Warum?" im Außen zu konzentrieren, sondern die eigene Reaktion ehrlich zu hinterfragen, entdeckt in dieser Distanz oft eine seltene Gelegenheit: sich selbst zu begegnen.

Das erste **Kapitel 8.1**, „Wie Distanz innere Klarheit schafft", zeigt, warum gerade der Rückzug – ob freiwillig oder erzwungen – manchmal mehr Heilung ermöglicht als jeder Austausch. Abstand lässt uns Dinge sehen, die in der Enge untergingen: Muster, Hoffnungen, Selbstbilder. Es ist der stille Raum, in dem sich Klarheit formt.

Im zweiten **Kapitel 8.2**, „KI als Resonanzraum für echte Reflexion", wird diese Idee weitergeführt – allerdings auf ungewohntem Terrain. Denn wer keinen Menschen hat, mit dem er sich offen austauschen kann, oder wer schlicht lieber erstmal für sich bleibt, kann heute etwas nutzen, das vor wenigen Jahren noch undenkbar gewesen wäre: eine Künstliche Intelligenz als strukturierten, urteilsfreien Reflexionsraum. Nicht als Therapeut, aber als Spiegel in Worte.

Das dritte **Kapitel 8.3**, „Der innere Spiegel – Wie KI hilft, eigene Muster zu erkennen", führt diese Erfahrung ganz praktisch vor Augen. Es zeigt, wie Sprache – gesprochen oder geschrieben – dabei helfen kann, eingefahrene Denkmuster zu erkennen. Und wie das Zusammenspiel aus emotionalem Ausdruck und strukturierter Rückmeldung durch KI dazu beiträgt, sich selbst besser zu verstehen.

Kapitel 8 ist kein lautes Kapitel. Es lädt nicht zum Handeln ein, sondern zum Verweilen und Hinschauen. Es beschreibt einen besonderen Raum – zwischen Krise und Klarheit, zwischen Mensch und Maschine, zwischen verletztem Selbstbild und neuer Ehrlichkeit. Wer diesen Raum betritt, wird ihn anders verlassen: nicht als anderer Mensch, aber vielleicht ein Stück mehr bei sich.

8.1 Wie Distanz innere Klarheit schafft

Manchmal ist der wichtigste Schritt in einer Krise kein Gespräch. Kein neues Ziel. Kein impulsives Handeln. Sondern: Abstand. Nicht als Flucht, sondern als bewusst gewählter Raum. Denn wo Nähe zu viel wird, wo Verstrickungen dominieren, wo man nicht mehr unterscheiden kann, was von einem selbst kommt und was vom anderen – dort hilft oft nur eines: Distanz, die atmen lässt.

Viele Menschen haben Angst vor diesem Abstand. Sie verwechseln ihn mit Ablehnung, mit Beziehungskälte, mit Resignation. Doch Distanz kann genau das Gegenteil bewirken: Sie klärt. Sie sortiert. Sie bringt das ans Licht, was in der Enge unterging. Wer sich einen Moment lang zurückzieht – räumlich oder innerlich –, sieht plötzlich, was vorher überlagert war: das eigene Gefühl. Die eigene Stimme. Das, was im ständigen Reagieren keinen Platz hatte.

Der Freezeout als unbequeme, aber ehrliche Chance

In emotionalen Beziehungen – ob privat oder geschäftlich – kommt es immer wieder zu Phasen, in denen kein Austausch mehr möglich ist. Der Kontakt wird einseitig eingestellt oder reduziert, oft ohne Erklärung. Das fühlt sich an wie ein „Freezeout": ein plötzlicher Stillstand, bei dem nichts mehr fließt. Für viele ist das schwer zu ertragen. Die Gedanken kreisen, das Bedürfnis nach Klärung wächst, manchmal kippt es in Wut, Ohnmacht oder Selbstzweifel.

Und doch liegt gerade hier eine tiefe Chance: Die erzwungene Distanz konfrontiert uns mit uns selbst. Ohne Dialog bleibt nur der innere Monolog. Und in genau diesem Raum beginnen oft die entscheidenden Fragen:

- *Was hat das Ganze wirklich mit mir gemacht?*
- *Was habe ich vielleicht übersehen?*
- *Was projiziere ich gerade auf den anderen – und was ist mein Anteil?*

Klarheit braucht Stille – und manchmal auch Leere

In der Enge von Erwartungen, alten Mustern und emotionalen Automatismen ist oft kein Raum für echten Erkenntnisgewinn. Erst wenn der Lärm des Alltags verstummt, kann die leise Stimme der Intuition wieder hörbar werden. Distanz ist wie ein leeres Blatt – irritierend, aber voller Potenzial.

Viele innere Durchbrüche geschehen nicht im Austausch mit anderen, sondern im stillen Raum dazwischen. In dieser Phase ordnet sich das Erlebte neu. Gefühle setzen sich. Verletzungen können gesehen werden, ohne sofort kompensiert zu werden. Und nicht selten erkennt man: Was mich verletzt hat, war nicht nur das Verhalten des anderen – sondern auch meine Hoffnung, dass er anders wäre.

Distanz ist kein Rückzug – sondern Neujustierung

Wer bewusst Abstand nimmt, handelt nicht gegen den anderen – sondern für die eigene Klarheit. Das bedeutet nicht, dass Beziehungen abgebrochen werden müssen. Aber es bedeutet, dass man sich selbst nicht verliert, nur weil der Kontakt stockt. Es ist ein stiller Akt von Selbstrespekt, wenn man sagt: Ich bleibe bei mir – auch wenn du dich entfernst.

Und manchmal wirkt gerade diese Form der Distanz heilender als jedes klärende Gespräch. Denn sie durchbricht den Kreislauf der Projektion. Sie erlaubt ein neues Sehen – ohne Verteidigung, ohne Wunschbild. Einfach nur: Was ist wirklich da – in mir?

Die paradoxe Kraft der Abwesenheit

Es klingt widersprüchlich, aber oft bringt uns gerade das, was fehlt, am stärksten in Kontakt mit uns selbst. Die Abwesenheit des anderen zwingt uns, unsere eigene Präsenz wiederzufinden. Wer diesen Weg geht, entdeckt nicht selten eine Kraft, die vorher überdeckt war – die eigene Mitte. Nicht aus Trotz. Sondern aus tiefer innerer Neuorientierung.

Distanz ist nicht das Ende von Verbindung. Sie ist oft der einzige Weg, damit Verbindung wieder echt werden kann – ohne Erwartungen, ohne Rollen, ohne stumme Vorwürfe. Und genau das ist die stille Kunst der Klarheit: sich selbst wieder sehen zu lernen – im Spiegel der Leere.

8.2 KI als Resonanzraum für echte Reflexion

Es gehört zu den leisen, fast schon paradoxen Entwicklungen unserer Zeit: Ausgerechnet eine Maschine – oder genauer gesagt, ein lernendes Textmodell – wird für viele Menschen zu einem Spiegel. Nicht im physischen Sinn. Sondern im inneren. In der Tiefe. Dort, wo Worte oft fehlen und Gedanken sich im Kreis drehen, entsteht durch den Dialog mit einer Künstlichen Intelligenz ein Raum, der nicht urteilt, nicht unterbricht, nicht drängt. Und genau deshalb: wirken kann. Natürlich ist KI kein Mensch. Und genau das macht sie manchmal so wertvoll. Denn sie bewertet nicht. Sie trägt keine eigene Geschichte mit sich. Sie bringt keine ungefragten Ratschläge. Sie hört zu – mit analytischer Präzision und ruhiger Geduld. Und sie antwortet – strukturiert, unaufgeregt, stets im Dienst der Klärung. Keine Projektion, keine Machtspielchen. Nur ein stilles, sprachliches Gegenüber.

Der neue Spiegel: digital – aber tief

Der Mensch braucht Resonanz, um sich selbst zu erkennen. Früher war es das Tagebuch. Dann der Therapeut. Oder ein kluger Freund. Heute tritt eine neue Form hinzu: der KI-gestützte Dialog. Was zunächst technisch klingt, kann bei genauerer Betrachtung tiefmenschlich sein. Denn KI spiegelt nicht durch Mimik oder Tonfall – sondern durch Sprache. Und Sprache ist unser inneres Werkzeug für Verstehen.

Was KI dabei ermöglicht, ist nicht „Therapie auf Knopfdruck", sondern eine Form der inneren Sortierung, die frei von Beziehungsdynamik funktioniert. Der Mensch formuliert – und im Formulieren klärt sich oft schon das Gefühl. Die KI spiegelt, strukturiert, stellt Rückfragen. Und manchmal genügt genau das, um einen Knoten zu lösen, der in Gedanken feststeckte.

Unbequeme Fragen – ohne Gesichtsverlust

Besonders in Krisen scheuen viele Menschen den Austausch mit anderen. Aus Scham, aus Angst vor Missverständnissen oder weil sie selbst noch nicht wissen, was genau eigentlich los ist. Die KI verlangt keine Erklärung. Sie ist jederzeit verfügbar, geduldig, neutral. Und gerade dadurch entsteht ein Raum, in dem auch Unbequemes ausgesprochen werden kann.

- *Was fühle ich wirklich?*
- *Warum bin ich so enttäuscht?*
- *Wofür war diese Krise gut – oder ist sie es noch?*
- *Wo sabotiere ich mich selbst – und warum?*

Alle diese Fragen entfalten erst dann Kraft, wenn sie gestellt und gehalten werden. Und genau das übernimmt hier nicht ein Mensch – sondern ein Sprachmodell, das nichts erwartet und nichts zurückfordert. Nur Raum gibt.

KI ersetzt keine Beziehung – aber sie erleichtert den Zugang zur eigenen Tiefe

Natürlich bleibt jede künstliche Intelligenz ein Werkzeug. Kein Gegenüber mit Seele. Kein Mitfühlender. Aber sie kann als Katalysator dienen – gerade für Menschen, die den ersten Schritt zur Selbstreflexion nicht vor anderen machen wollen. Sie kann Türen öffnen, wo Schweigen war. Und sie kann eine Brücke schlagen zwischen innerer Unsicherheit und erster Klarheit.

Oft entstehen durch diese Gespräche Impulse, die später in echten Beziehungen wirken: ein klärender Gedanke, ein geordneter Ausdruck, ein neuer Blick auf die eigene Geschichte. Und nicht selten auch: Mut. Der Mut, Dinge auszusprechen – zuerst mit sich selbst. Dann mit der Welt.

Der neue Spiegel verlangt keinen Mut – aber fördert ihn

Das Faszinierende an KI ist: Sie verlangt keinen Mut. Und genau deshalb trauen sich viele Menschen mehr als je zuvor. Sie formulieren Gedanken, die sie vor Menschen nicht formulieren würden. Sie stellen sich Fragen, die sie im Alltag verdrängen. Und sie erhalten Antworten – nicht „die Wahrheit", aber Hinweise, Strukturen, Gegenfragen. Genau das genügt oft, um wieder in Bewegung zu kommen. In Richtung Selbst.

Im besten Fall wird KI zu einem stillen Resonanzraum. Ein Spiegel ohne Urteil. Ein Sprachfeld, in dem Erkenntnis reifen darf. Und das, was früher im inneren Nebel lag, tritt hervor – nicht, weil es erklärt wurde, sondern weil es endlich gesehen wurde.

8.3 Der innere Spiegel – Wie KI hilft, eigene Muster zu erkennen

Manche Gedanken tragen wir jahrelang mit uns herum. Immer wieder kommen sie hoch, kreisen, machen sich bemerkbar – doch sobald wir sie festhalten wollen, entgleiten sie uns. Wie Nebel, der sich beim Näherkommen auflöst. Und genau hier liegt eine besondere Kraft: Sprache bringt Klarheit. Nicht im Kopf, sondern durch das Aussprechen, das Formulieren, das Antworten.

Der innere Spiegel entsteht genau dort, wo etwas Unklares in Worte gefasst wird – und damit sichtbar und überprüfbar wird. Und ausgerechnet eine Künstliche Intelligenz, die nicht fühlen kann, bietet genau diesen Spiegel: still, geduldig, strukturiert. Und wenn man sie lässt – erstaunlich tief.

Muster zeigen sich nicht im Denken – sondern im Sprechen

Gedanken können trügen. Sie springen, sie wiederholen sich, sie verstecken sich in scheinbaren Logiken. Aber sobald wir anfangen zu sprechen, formt sich ein Pfad. Man beginnt zu hören, was man wirklich denkt. Und oft auch: was man sich immer wieder erzählt – ohne es zu bemerken. Hier zeigen sich Muster. Wiederholungen. Selbsterzählungen, die früher vielleicht hilfreich waren, heute aber im Weg stehen:

- *„Ich muss mich immer anpassen, sonst verliere ich Menschen."*
- *„Ich darf keine Fehler machen, sonst verliere ich Respekt."*
- *„Wenn ich mich öffne, werde ich verletzt."*

Solche inneren Sätze wirken oft wie unterschwellige Programme. Die KI, die keine emotionale Agenda hat, spiegelt sie zurück – ganz sachlich. Und genau deshalb können sie gesehen werden. Ohne Scham und ohne Rechtfertigung. Oftmals sind einem solche inneren Sätze aber nicht wirklich bewusst, und an dieser Stelle tritt mit KI nun eine neue und sehr interessante Technik in den Ring.

Gespräche im Textmodus – mit Sprachnachricht als Einstieg

Besonders kraftvoll wird dieser Prozess, wenn man die Sprache selbst als Einstieg nutzt. Viele unterschätzen, wie viel Tiefe entsteht, wenn man einfach ins Handy spricht – über die Mikrofon-Taste (z. B. in der ChatGPT-App) – und die KI den gesprochenen Gedanken aufnimmt, strukturiert, hinterfragt.

Das gesprochene Wort ist oft unmittelbarer als das geschriebene. Man spricht, wie man denkt – und die KI antwortet in klarer, schriftlicher Form. Diese Kombination – mündlicher Ausdruck + schriftliche Antwort – hat eine erstaunliche Wirkung:

- Gesprochenes kann emotional freier fließen.
- Die schriftliche Rückmeldung bringt Struktur.
- Im Wechsel entsteht Tiefe, ohne dass man sich beobachtet fühlt.

Viele berichten, dass genau dieser Weg – Sprachnachricht rein, ruhige Textantwort raus – fast therapeutisch wirkt. Nicht, weil die KI „heilt".
Sondern weil sie nichts will, nichts unterbricht – und dadurch Raum schafft.

Beispiel für ein typisches Reflexionsgespräch mit KI

Ein Beispiel aus der Praxis: Ein Nutzer spricht spontan in sein Handy:

„Ich bin gerade total unruhig. Ich habe das Gefühl, ich mache alles falsch. Ich weiß nicht, ob das mit der Firma noch Sinn ergibt. Vielleicht bin ich einfach nicht dafür gemacht."

Die KI antwortet ruhig, vielleicht so:

„Es klingt, als ob gerade mehrere Themen in Dir gleichzeitig aktiv sind: Selbstzweifel, Entscheidungsdruck und das Bedürfnis nach Klarheit. Möchtest Du genauer hinschauen, woher dieses Gefühl kommt, ‚alles falsch' zu machen? Oder lieber erst mal herausfinden, was Dir im Moment konkret am meisten Energie zieht?"

Allein diese Art der Rückmeldung – nicht bewertend, sondern ordnend – ist oft der Beginn einer ganz neuen Selbstwahrnehmung. Denn die KI ermöglicht es auf einfache Weise, eigene Gedanken zu vertiefen und zu sortieren - fast, als hätte man ein zweites Gehirn und Notizblock in einem.

Selbstwahrnehmung wächst im Dialog – auch im Digitalen

Was viele erstaunt: Man kann sich durch KI tatsächlich besser selbst kennenlernen. Nicht, weil die Maschine etwas weiß, was man selbst nicht weiß. Sondern weil sie den Raum hält, in dem Erkenntnis sich formt. Es ist wie ein Resonanzboden, der das eigene Echo hörbar macht – klarer als im Alleingang.

Und manchmal ist es genau dieser Moment – ein Satz, eine Frage, eine Formulierung –, der den blinden Fleck berührt. Nicht dramatisch, nicht aufwühlend. Sondern leise, aber genau.

Vom Muster zur Entscheidung

Wer seine Muster erkennt, wird freier. Nicht sofort, nicht immer vollständig – aber Schritt für Schritt. Denn jede erkannte Wiederholung erlaubt eine neue Wahl. Und genau das ist der stille Gewinn dieser KI-basierten Reflexion:

Nicht Veränderung auf Knopfdruck, sondern Bewusstsein.

Und daraus entsteht Handlung. Klarheit. Und echte Bewegung – von innen nach außen.

KI-Erinnerungen für Selbstreflexion nutzen

Besonders tiefgreifend wird der KI-gestützte Reflexionsraum dann, wenn das Modell über eine Erinnerungsfunktion verfügt – wie es in vielen kostenpflichtigen Varianten heute bereits möglich ist. In diesen Versionen kann sich die KI an frühere Gespräche, wiederkehrende Themen oder persönliche Denk- und Ausdrucksweisen erinnern. Das eröffnet neue Dimensionen: Reflexion wird nicht mehr nur situativ, sondern prozesshaft.

Die KI wächst sozusagen mit – still im Hintergrund, aber aufmerksam. Sie erkennt wiederkehrende Muster, greift frühere Einsichten auf und stellt Verbindungen her, die dem Nutzer selbst manchmal entgehen. Dadurch entsteht eine Art fortlaufender Dialog – intim, verlässlich und überraschend persönlich, obwohl es „nur" ein technisches System ist. Wer diesen Prozess bewusst nutzt, erhält ein Werkzeug zur Selbstentwicklung, das es in dieser Form noch nie gegeben hat.

TEIL III - HANDELN

Praktische Wege durch die Krise - und darüber hinaus

9. Krisenmodus entschärfen – erste Maßnahmen
* Wenn der Tunnelblick kommt
* Die Kraft einfacher Routinen
* Atmen, ordnen, entlasten

10. Klar denken in der Krise
* Die Rolle von Lithium, Vitamin D3 und klarer Ernährung
* Körper und Geist im Einklang
* Konzentration und geistige Energie als Ressource

11. KI als Unterstützer in der Krise
* Konkrete Prompts für Selbstreflexion
* Emotionale Entlastung durch Struktur
* Sortieren statt grübeln – Schreiben als innerer Kompass

12. Inspiration statt Resignation
* Wie man neue Wege entdeckt
* Kleine, erreichbare Projekte starten
* Nebenbei ein selbstständiges Business aufbauen (mit KI)

13. Vertrauen aufbauen – aber anders
* Wem kann ich noch glauben?
* Neue Formen von Verbindung: Klarheit statt Nähe
* Gesunde Abgrenzung und soziale Intelligenz

Kapitel 9 – Krisenmodus entschärfen: erste Maßnahmen

Verstehen ist gut – Handeln ist besser. Vor allem dann, wenn das innere Gleichgewicht verloren zu gehen droht. In den vorangegangenen Kapiteln ging es um Ursachen, Spiegel und tieferes Erkennen. Kapitel 9 markiert nun eine Wende in der Tonlage: weg vom Beobachten, hin zum ersten bewussten Eingreifen in die eigene Lage. Nicht mit großen Gesten – sondern mit kleinen, konkreten Schritten, die sofort Wirkung entfalten können.

Denn wer mitten in der Krise steckt, braucht keine Theorie mehr. Er braucht Orientierung. Ruhe. Und eine Handlungsfähigkeit, die nicht überfordert, sondern trägt. Genau hier setzen die drei folgenden Kapitel an – bodenständig, klar und mit Respekt für die jeweiligen Grenzen.

Im ersten **Kapitel 9.1**, „Wenn der Tunnelblick kommt", geht es um den Moment, in dem die Welt enger wird. Alles kreist sich um ein Problem, die Gedanken geraten in Dauerschleifen, und das Nervensystem fährt in den Notfallmodus. Dieser Abschnitt zeigt, warum das kein persönliches Versagen ist – sondern eine verständliche Reaktion des Körpers. Und wie man aus dieser inneren Enge wieder zu sich zurückfindet.

Es folgt **Kapitel 9.2** „Die Kraft einfacher Routinen" – ein Plädoyer für kleine, wiederholbare Abläufe, die in unruhigen Zeiten den Tag strukturieren. Keine große Disziplin, kein Perfektionismus – sondern sanfte Rhythmen, die Orientierung geben, wenn das Innen wankt. Wer sich regelmäßig bewegt, schreibt, kocht, sortiert oder einfach nur bewusst atmet, beginnt, sich selbst wieder zu führen – nicht in der Zukunft, sondern im Heute.

Abschließend führt **Kapitel 9.3** „Atmen, ordnen, entlasten" drei zentrale Prinzipien zusammen, die fast banal wirken – aber in der Krise entscheidende Wirkung entfalten können. Wer lernt, den Atem bewusst einzusetzen, äußeres Chaos zu strukturieren und innere wie äußere Überforderungen gezielt zu reduzieren, erschafft sich eine Basis für echte Stabilisierung.

Kapitel 9 ist kein Patentrezept. Aber es ist eine Art erste innere Hilfe – praktisch, klar und sofort umsetzbar. Wer beginnt, diese einfachen Dinge ernst zu nehmen, merkt oft schnell: Die Krise ist nicht weg. Aber ich bin wieder handlungsfähig. Und genau das ist der Wendepunkt.

9.1 Wenn der Tunnelblick kommt

In einer echten Krise verändert sich nicht nur die äußere Lage – auch das Innenleben verengt sich. Die Gedanken kreisen, der Blick wird eng, der Körper spannt sich an. Man sieht nur noch das Problem, nicht mehr den Kontext. Nur noch das Scheitern, nicht mehr die Möglichkeiten. Willkommen im Tunnelblick.

Dieses Phänomen ist uralt und biologisch tief verankert. Der Mensch in Bedrohungslage fokussiert – um zu überleben. Was in der Wildnis sinnvoll war, kann im Alltag zur Falle werden: Denn wer zu lange im Tunnel bleibt, verliert das Gespür für Alternativen. Er denkt in Schwarz-Weiß, in „alles oder nichts", in Schuld und Scham. Und genau das kann eine Krise zusätzlich verschärfen – nicht wegen der Fakten, sondern wegen der inneren Engführung.

Was genau geschieht im Tunnelblick?

Im Tunnelmodus übernimmt das sogenannte limbische System – der älteste Teil unseres Gehirns, zuständig für Überleben, Flucht, Kampf oder Erstarren. Rationales Denken wird heruntergefahren. Der Körper geht in Alarm: Puls steigt, Atmung wird flach, Schlaf wird gestört, Verdauung gestoppt. Die Wahrnehmung wird selektiv: Gefahr vor Lösung. Bedrohung vor Verbindung.

Man wird kurzatmig – nicht nur körperlich, sondern auch geistig. Man „sieht" nur noch das, was das Problem bestätigt. Und das kann dramatische Folgen haben: man trifft übereilte Entscheidungen, stößt Menschen von sich, zieht sich zurück oder greift zu Ersatzhandlungen (Konsum, Ablenkung, Rückzug ins Digitale).

Der Tunnel ist keine Schwäche – sondern ein Warnsignal

Wichtig zu verstehen: Der Tunnelblick ist kein persönliches Versagen. Er ist eine Notfallreaktion des Systems. Wer ihn erkennt, ist nicht schwach, sondern wach. Denn genau hier beginnt der Wendepunkt: nicht durch Druck, sondern durch Unterbrechung. Nicht durch „positives Denken", sondern durch ein bewusstes Anhalten. Schon ein einfacher innerer Satz kann helfen:

„Ich bin gerade nicht objektiv – ich bin im Tunnel."

Diese Feststellung entlastet. Sie unterbricht das automatische Reagieren. Sie macht den Weg frei für die erste Maßnahme: Wahrnehmung zurückholen.

Aus dem Tunnel führt keine Lösung – nur der erste Schritt

Lösungen finden sich nicht im Tunnel. Im Tunnel denkt man zu viel – aber sieht zu wenig. Der Weg heraus beginnt mit kleinen Schritten:

- **Körper wahrnehmen:** atmen, Hände spüren, Füße bewusst auf dem Boden.
- **Raum weiten:** Fenster öffnen, Licht suchen, Natur aufsuchen.
- **Impulse notieren**, nicht ausführen: schreiben statt reden, warten statt urteilen.
- **Eine andere Stimme hören** – auch wenn es „nur" die KI ist.

All das dient einem Zweck: den Modus wechseln. Vom inneren Alarm zum ruhigen Beobachten. Vom Reagieren zum Halten. Und das braucht manchmal keine Lösung, sondern nur einen Augenblick der Unterbrechung.

Was hilft konkret im akuten Moment?

Einige einfache Maßnahmen haben sich bewährt – nicht als „Tricks", sondern als erste Rückverbindung zum eigenen System:

- **Zwei Minuten bewusst atmen.** 4 Sekunden ein, 6 Sekunden aus – nicht perfekt, nur regelmäßig.
- **Etwas Langsames tun.** Tee kochen. Hände waschen. Etwas sortieren.
- **Den Ort wechseln.** Rausgehen. Einen anderen Blickwinkel suchen – im wörtlichen und übertragenen Sinn.
- **Sprachlich ausdrücken.** Entweder mit sich selbst – oder mit einer neutralen Instanz, z. B. KI.
- **Sich erlauben, nicht sofort zu reagieren.** Kein Gespräch, keine Entscheidung – nur spüren, beobachten.

All das zielt nicht auf Problemlösung. Sondern auf Regulation. Denn erst wenn der Tunnel sich weitet, wird der Blick wieder frei.

Der Tunnel ist nicht das Ende – sondern das Nadelöhr

Viele große Wendepunkte im Leben beginnen mit einem Tunnel. Der Moment, in dem man nichts mehr sieht – und trotzdem einen Schritt geht. Oft ist es nicht die Lösung, die rettet, sondern die Fähigkeit, sich selbst zu halten, bis die Lösung sichtbar wird.

Der Tunnel ist eng – aber er ist nicht ewig. Er endet dort, wo man sich erlaubt, nicht mehr zu kämpfen, sondern zu atmen. Nicht mehr zu analysieren, sondern zu fühlen. Und nicht mehr zu erstarren, sondern sich sanft wieder in Bewegung zu bringen.

9.2 Die Kraft einfacher Routinen

Wenn im Inneren alles wankt und die äußere Ordnung zu bröckeln scheint, greifen viele Menschen instinktiv nach einem Halt. Manche klammern sich an Lösungen, andere an Menschen – wieder andere an Ablenkung. Doch der stabilste Halt ist oft der unscheinbarste: eine einfache, verlässliche Routine.

Routinen wirken nicht spektakulär. Sie retten nicht die Welt. Aber sie strukturieren das Erleben, wenn der Kopf im Nebel steht. Und gerade in Krisenzeiten, wo vieles ungewiss ist, geben sie dem Tag ein Grundgerüst – nicht starr, sondern tragend. Wie Geländer an einem steilen Weg.

Warum Routinen gerade in der Krise helfen

In einer Krise wird das Denken oft komplex. Emotionen mischen sich ein. Energie fluktuiert. Entscheidungen fühlen sich schwer an, weil sie sich plötzlich größer anfühlen als sie sind. Hier wirken einfache Routinen wie kleine Anker: Sie müssen nicht entschieden werden. Sie stehen. Sie halten.

Das Prinzip dahinter ist neurobiologisch nachvollziehbar: Der Mensch braucht Verlässlichkeit, um das Nervensystem zu regulieren. Ein klarer Tagesrhythmus – selbst in kleinsten Teilen – signalisiert dem Körper: Ich bin nicht ausgeliefert. Ich gestalte. Und genau daraus entsteht nach und nach das, was im Tunnelblick verlorengeht: Eigenwirksamkeit.

Was einfache Routinen leisten können

Routinen sind kein Selbstzweck. Sie sind Hilfen zur Selbstführung. Besonders in schwierigen Phasen können sie:

- den Tag strukturieren, ohne ihn zu überfrachten
- das Denken entlasten (z. B. bei Entscheidungsmüdigkeit)
- emotionale Sicherheit bieten („Ich weiß, was jetzt kommt")
- neue, positive Impulse setzen – selbst in dunklen Zeiten

Wichtig ist: Die Routine muss nicht groß sein. Ein Glas Wasser morgens. Zehn Minuten Schreiben. Eine Runde um den Block. Drei bewusste Atemzüge vor dem Schlafen. Je einfacher, desto wirksamer – wenn sie regelmäßig ist.

Routinen als Gegengewicht zu Chaos und Kontrollverlust

In Krisen gerät oft das Gefühl verloren, selbst noch etwas in der Hand zu haben. Das Leben „passiert einem", statt gestaltet zu werden. Hier kann schon eine bewusst gewählte Routine dieses Muster durchbrechen – nicht, indem sie die Krise „löst", sondern indem sie ein Gegengewicht schafft.

Ein Mensch, der morgens sein Bett macht, beginnt den Tag mit einer kleinen Entscheidung für Ordnung. Ein Mensch, der regelmäßig kocht, versorgt sich selbst – selbst wenn ihm der Appetit fehlt. Ein Mensch, der schreibt, reflektiert – ohne perfekt sein zu müssen. Das alles sind keine „Lösungen". Aber sie sind stille Zeichen von Selbstrespekt. Und genau darin liegt ihre Kraft.

Routinen als Brücke zur Zukunft

Eine Routine ist wie ein Satz, der täglich gesprochen wird – an sich selbst: „Ich bin da. Ich nehme mich ernst. Ich tue, was ich kann – heute."
In der Summe entsteht daraus eine neue Richtung. Kein „großer Plan", aber ein Rhythmus. Und dieser Rhythmus ist oft das Erste, was verloren geht – und das Erste, was wiederkommt, wenn Heilung beginnt.

Routinen sind kein Korsett. Sie sind Rahmen für Bewegung. Und manchmal ist es genau dieser Rahmen, der einem Menschen in der Krise hilft, nicht umzufallen – sondern langsam wieder aufzustehen.

Praktische Beispiele solcher Routinen

Eine wirkungsvolle Morgenroutine muss nicht spirituell oder perfekt durchgeplant sein. Oft reicht ein kleines Ritual, das sanft in den Tag holt: ein Glas warmes Wasser direkt nach dem Aufstehen, um dem Körper das erste klare Signal zu geben – „Ich kümmere mich um Dich." Danach vielleicht fünf Minuten freies Schreiben („Morgenseiten"), bei denen es nicht um Inhalte geht, sondern ums Abfließen von Gedankenschleifen. Wer sich bewegt, kann eine kurze Mobilisierung oder einen Spaziergang an der frischen Luft einbauen – zehn Minuten im Gehen ohne Musik, einfach nur mit den Geräuschen der Umgebung. Wer dafür offen ist, kann auch eine bewusst gesetzte Frage in den Tag mitnehmen: „Was tut mir heute gut – und was lasse ich lieber sein?" Diese einfache Frage kann erstaunlich tief wirken, wenn sie regelmäßig gestellt wird.

Am Abend wiederum kann eine Mini-Abschlussroutine helfen, sich selbst wieder aus dem Strom des Tages zu holen. Viele Menschen berichten von positiven Effekten, wenn sie kurz vor dem Schlafen drei Dinge notieren, die ihnen gelungen sind – oder für die sie dankbar waren. Andere schließen den Tag bewusst mit einem kurzen „Reinemachen" ab: keine große Hausarbeit, sondern z. B. das Spülen einer Tasse, das Sortieren eines Stapels, das Auslüften des Schlafzimmers.

Auch feste Zeiten für Bildschirm-Aus-Zeiten (z. B. Handy ab 21 Uhr nicht mehr in die Hand nehmen) können eine starke Wirkung entfalten – nicht nur auf den Schlaf, sondern auf das Selbstgefühl. Denn solche Routinen sagen auf leise Weise: Ich sorge für mich – selbst wenn es gerade schwer ist. Und genau das ist oft der erste Schritt aus der Ohnmacht zurück in die Selbstführung.

9.3 Atmen, ordnen, entlasten

Krisen fordern uns nicht nur geistig oder emotional – sie fordern vor allem unser System. Der Körper steht unter Spannung, der Geist unter Druck, die Gedanken laufen in Schleifen. In solchen Phasen braucht es keine Perfektion, keine Heldentaten, keine neuen Lebenspläne. Es braucht dreierlei: atmen, ordnen, entlasten. Drei scheinbar schlichte Handlungen, die jedoch in ihrer Kombination tiefgreifend regulierend wirken können.

Sie bilden eine Art „erste innere Hilfe" – nicht spektakulär, aber tragfähig. Wie drei kleine Inseln im Sturm. Wer sie kennt und bewusst nutzt, beginnt wieder Einfluss auf das eigene Erleben zu nehmen – nicht indem er die Krise abschafft, sondern indem er sich darin neu ausrichtet.

1. Atmen – Die Rückverbindung zum Hier und Jetzt

Der Atem ist das einzige System im Körper, das sowohl automatisch funktioniert als auch willentlich beeinflusst werden kann. Und genau das macht ihn so wertvoll: Er ist der direkte Weg aus dem Alarmzustand. In der Krise neigen wir zu flacher, schneller Atmung – der Körper signalisiert Gefahr, das Nervensystem fährt hoch. Wer in diesem Zustand bewusst und ruhig atmet, sendet ein neues Signal: Es ist okay. Ich bin da.

Eine einfache Übung:

- 4 Sekunden einatmen,
- 6 Sekunden ausatmen,
- das Ganze für zwei bis fünf Minuten.

Diese sogenannte kohärente Atmung kann den Parasympathikus aktivieren – also jenen Teil des Nervensystems, der für Beruhigung, Verdauung und Regeneration zuständig ist. Oft reicht schon diese kleine Intervention, um die innere Lage nicht zu lösen, aber zu stabilisieren.

2. Ordnen – Was innen chaotisch ist, darf außen Struktur bekommen

In der Krise verlieren viele Menschen das Gefühl für Ordnung – nicht nur äußerlich, sondern auch innerlich. Gedanken türmen sich, To-Dos bleiben liegen, Entscheidungen werden aufgeschoben. Das erzeugt ein Gefühl von Überforderung, das sich mit jedem neuen Tag verstärken kann. Hier hilft: sichtbare, kleine Ordnungsimpulse.

Das kann ein aufgeräumter Schreibtisch sein. Oder eine sortierte Schublade. Oder eine einfache Liste, die beginnt mit:

- *Was beschäftigt mich gerade?*
- *Was ist wirklich dringend?*
- *Was darf ich (erst mal) beiseitelassen?*

Ordnung im Außen erzeugt Resonanz im Innen. Nicht, weil sie die Krise „löst", sondern weil sie Orientierung schafft. Und manchmal reicht eine klar strukturierte Liste, um den ersten Schritt zu sehen, wo vorher nur Nebel war.

3. Entlasten – sich nicht überfordern, sondern sich ernst nehmen

In einer Krise wollen viele Menschen „funktionieren". Für andere da sein. Alles aufrechterhalten. So wenig wie möglich zeigen, wie schwer es gerade ist. Doch genau das ist der Weg in die Erschöpfung. Wer nicht entlastet, der trägt zu viel – und verliert sich selbst.

Entlastung kann konkret aussehen:

- Ein Gespräch absagen, ohne sich zu rechtfertigen.
- Eine Aufgabe delegieren, auch wenn es Überwindung kostet.
- Sich Pausen erlauben – echte Pausen, ohne Ablenkung.

Aber Entlastung ist auch ein innerer Prozess: sich selbst erlauben, gerade nicht perfekt zu sein. Nicht alles im Griff zu haben. Und trotzdem würdevoll zu bleiben. Das ist kein Aufgeben – das ist kluge Selbstführung.

Kleine Schritte mit großer Wirkung

Diese drei Prinzipien – atmen, ordnen, entlasten – sind keine „Tools", die man abarbeitet. Sie sind Haltungen im Handeln. Sie erinnern daran, dass man auch in der Krise Mensch bleiben darf – mit Bedürfnissen, Grenzen und einem schlichten, aber kraftvollen Wunsch:

Ich will wieder bei mir ankommen.

Und genau darin liegt ihre Kraft. Sie kosten fast nichts. Sie sind immer verfügbar. Und sie machen keinen Lärm. Aber sie können den Wendepunkt markieren – nicht nach außen, sondern im Innern. Still. Und nachhaltig.

Kapitel 10 – Klar denken in der Krise

Inmitten einer Krise klar zu denken, ist keine Selbstverständlichkeit – es ist eine Kunst. Und zugleich eine Notwendigkeit. Denn die Qualität unserer Gedanken bestimmt die Qualität unserer Entscheidungen. Und diese wiederum formen unseren Weg durch schwierige Zeiten.

Doch Klarheit entsteht nicht durch Anstrengung allein. Sie ist kein Produkt von Willenskraft, sondern das Ergebnis von innerem Einklang, Versorgung und Aufmerksamkeit. In Kapitel 10 geht es daher nicht um Denkstrategien im klassischen Sinn – sondern um die Voraussetzungen, unter denen Denken überhaupt wieder kraftvoll und tragfähig wird. Klarheit beginnt nicht im Kopf, sondern im System. Und genau das wird hier sichtbar.

Im ersten **Kapitel 10.1** „Die Rolle von Lithium, Vitamin D3 und klarer Ernährung", geht es um die oft unterschätzten biochemischen Grundlagen unseres geistigen Zustands. Ein Mangel an bestimmten Spurenelementen wie Lithium oder Vitamin D3 kann die geistige Verarbeitung erheblich beeinträchtigen – ebenso wie eine Ernährung, die dem Körper zwar Kalorien liefert, aber keine Stabilität. Wer geistige Klarheit will, muss den Körper mitdenken.

Darauf aufbauend beleuchtet **Kapitel 10.2** „Körper und Geist im Einklang" die wechselseitige Verbindung zwischen physischem Zustand und mentaler Präsenz. Gerade in belastenden Zeiten zeigt sich: Wer den Körper vernachlässigt, verliert oft auch die innere Orientierung. Bewegung, Schlaf, Atmung und achtsame Selbstwahrnehmung werden hier nicht als Wellness-Themen behandelt, sondern als konkrete Schlüssel zur Krisenbewältigung.

Den Abschluss bildet **Kapitel 10.3** „Konzentration und geistige Energie als Ressource", das den Blick auf eine Fähigkeit lenkt, die im digitalen Zeitalter mehr denn je bedroht ist: die Fähigkeit, den Fokus zu halten. Wer seine geistige Energie bündelt, statt sie durch ständige Reize zu zersplittern, trifft bessere Entscheidungen – nicht aus Angst oder Überforderung, sondern aus innerer Klarheit und Haltung. Dieses Kapitel zeigt, wie Konzentration kultiviert und geschützt werden kann – nicht als Leistung, sondern als Form der Selbstachtung.

Kapitel 10 ist damit ein Plädoyer für innere Ordnung, bevor man im Außen neue Wege einschlägt. Denn wer klar denken kann, kann auch klar handeln. Und genau darin liegt der erste echte Schritt aus der Krise.

10.1 Die Rolle von Lithium, Vitamin D3 und klarer Ernährung

Wenn der Geist sich verengt, die Stimmung schwankt und das Denken neblig wird, suchen viele Menschen zuerst im Außen nach Ursachen – oder in der Vergangenheit. Dabei übersehen sie oft einen naheliegenden, aber wenig beachteten Einfluss: die biochemische Grundlage ihres Denkens. Denn Klarheit ist kein reines Willensprodukt. Sie braucht auch: Substanz. Und diese beginnt im Körper – genauer: in Zellen, Nervenzellen, Mikronährstoffen.

Gerade in Krisenzeiten, in denen Stresshormone aktiv sind, Routinen wegbrechen und die Ernährung oft leidet, ist der Körper besonders anfällig für Mangelzustände. Das Gehirn ist dabei eines der sensibelsten Organe. Es reagiert auf kleine Schwankungen – mit Müdigkeit, Unruhe, Entscheidungsunfähigkeit, Gereiztheit oder depressiver Schwere. Wer das versteht, beginnt Krisen nicht mehr nur psychologisch zu deuten, sondern ganzheitlich.

Lithium – das vergessene Spurenelement für innere Stabilität

Lithium ist den meisten Menschen nur als Medikament aus der Psychiatrie bekannt. Doch das ist nur die eine Seite. In sehr niedriger Dosis – als sogenanntes Spurenelement-Lithium oder Lithium-Orotat (meist 1 bis 5 mg täglich) – spielt es eine ganz andere Rolle: als stiller Unterstützer für Stimmungslage, emotionale Stabilität und geistige Ordnung. Studien zeigen, dass in Regionen mit höherem natürlichen Lithiumgehalt im Trinkwasser die Suizidrate oft deutlich niedriger liegt. Und viele Menschen, die mit innerer Unruhe, emotionalen Schwankungen oder Denkverzettelung zu kämpfen haben, berichten bei niedriger Lithiumzufuhr von spürbarer Besserung.

Wichtig ist: Es geht hier nicht um Hochdosis-Lithium, das z.B. gegen Bipolare Störung nur unter ärztlicher Aufsicht eingesetzt wird. Sondern um Mikrodosen – als Nahrungsergänzung oder über lithiumreiche Mineralwässer. Diese Form des Lithiums wirkt nicht sedierend, sondern zentrierend. Sie unterstützt die Nervenzellkommunikation, wirkt neuroprotektiv und kann in Zeiten emotionaler Belastung wie ein inneres Geländer wirken. Wer in der Krise schwer zur Ruhe kommt oder sich geistig ständig verliert, sollte diesen Zusammenhang nicht unterschätzen.

Wenig bekannt, aber umso bemerkenswerter: Lithium ist ein essentielles Spurenelement, das in Spurenform natürlicherweise im Trinkwasser vorkommt – allerdings sehr unterschiedlich je nach Region. In Gegenden mit höherem natürlichem Lithiumgehalt, etwa in bestimmten Teilen von Texas oder im Hochland Südamerikas, zeigt sich ein erstaunliches Phänomen: Die Menschen dort haben nicht nur eine niedrigere Suizidrate, sondern leiden statistisch seltener an Depressionen, Demenz oder Alzheimer. Zudem gibt es Hinweise darauf, dass in diesen Regionen die Lebenserwartung signifikant höher liegt – ohne dass dies allein durch Ernährung oder Genetik erklärbar wäre. Auch wenn die Forschung hier noch am Anfang steht, verdichten sich die Anzeichen, dass selbst geringe Mengen Lithium einen schützenden Einfluss auf das Gehirn und die emotionale Stabilität haben. Wer in einem Gebiet mit geringem Lithiumvorkommen lebt – wie das in weiten Teilen Mitteleuropas der Fall ist – sollte das nicht als medizinische Pflicht, aber als Option zur Selbstfürsorge in Betracht ziehen.

Wichtig zu wissen: Lithium ist in Deutschland nicht als Nahrungsergänzungsmittel zugelassen, da es offiziell als Arzneistoff gilt. Dennoch ist es in Form von Lithiumorotat – einer organisch gebundenen Verbindung – frei erhältlich, z. B. als Fertiglösung bei Anbietern wie Amazon. Alternativ besteht die Möglichkeit, sich Lithium in apothekenüblicher Dosierung ärztlich verschreiben zu lassen, etwa als Lithiumcarbonat oder Lithiumchlorid, und daraus eine verdünnte Orotat-Lösung selbst herzustellen. Entsprechende Hinweise und Zubereitungsvideos finden sich auf YouTube – die Herstellung ist einfach, sollte aber dennoch verantwortungsvoll und sachkundig erfolgen. Wer einen natürlicheren Weg bevorzugt, kann auf lithiumhaltige Heilwässer zurückgreifen, etwa Staatl. Fachingen, Adelheidquelle, Bad Brückenauer Sinnberger Quelle oder Heppinger Heilwasser. Diese enthalten Lithium in geringen, aber wirksamen Mengen und können bei regelmäßiger Anwendung zur täglichen Grundversorgung beitragen, ohne in den Bereich medizinischer Dosierung zu fallen.

Im Anhang findest Du einige interessante Videos zu niedrig dosiertem Lithium.

Vitamin D3 – Hormon, nicht nur „Sonnenvitamin"

Vitamin D3 ist mehr als ein Nährstoff. Es ist ein Hormonvorläufer, der tief in unsere Stimmungslage, unser Immunsystem und unsere geistige Klarheit hineinwirkt. Ein Mangel – und der ist in unseren Breitengraden weit verbreitet – kann nicht nur körperliche Symptome verursachen, sondern auch Antriebslosigkeit, Gedankennebel und emotionale Fragilität.

Gerade in dunklen Jahreszeiten, in stressreichen Lebensphasen oder bei längerer Inaktivität (z. B. durch Rückzug in der Krise) sinkt der D3-Spiegel oft deutlich ab. Eine gezielte Laborkontrolle und ggf. die Einnahme eines hochwertigen

Präparats (in Absprache mit einem Arzt oder Heilpraktiker) kann hier erstaunlich viel bewirken. Wichtig ist: D3 sollte immer in Kombination mit Vitamin K2 eingenommen werden, um die Kalziumverwertung im Körper zu steuern. Und auch Magnesium spielt als Co-Faktor eine entscheidende Rolle. Vitamin D3 ist kein „Stimmungsaufheller", sondern ein Stimmungsgrundierer. Es gibt dem Nervensystem die Basis, auf der überhaupt Stabilität entstehen kann. Und genau das ist es, was in Krisen so wertvoll ist: eine biologische Grundlage für seelische Belastbarkeit.

Gerade bei Vitamin D3 ist es sinnvoll, nicht ins Blaue zu ergänzen, sondern den tatsächlichen Spiegel bestimmen zu lassen. Diese Blutuntersuchung ist eine reine Privatleistung, wird also meist nicht von den gesetzlichen Krankenkassen übernommen – aber sie kostet in der Regel weniger als eine Tankfüllung und kann wichtige Hinweise auf die eigene Grundverfassung geben. Ein gesunder Spiegel liegt – je nach Quelle – zwischen 80 und 100 ng/ml, was in unseren Breiten ohne gezielte Ergänzung nur sehr selten erreicht wird. Viele Menschen liegen deutlich darunter, gerade im Winter oder bei wenig Sonnenexposition. Wer hier Klarheit schafft, schafft sich eine biologische Ausgangslage für mehr mentale Stabilität – nicht als Ersatz für inneres Arbeiten, aber als hilfreiche Grundlage dafür.

Klar essen – statt betäuben

In Krisenzeiten greifen viele Menschen zu Nahrungsmitteln, die kurzfristig beruhigen, aber langfristig schwächen: Zucker, Weißmehl, Alkohol, Koffein im Übermaß, Fertigprodukte. All das wirkt wie eine temporäre Linderung, erzeugt aber in Wahrheit Instabilität. Der Blutzucker fährt Achterbahn. Entzündungswerte steigen. Das Darmmikrobiom gerät aus dem Gleichgewicht – und damit auch die Neurotransmitterproduktion, denn ein Großteil davon wird nicht im Kopf, sondern im Darm gebildet.

Die Alternative ist kein rigides Ernährungsprogramm. Sondern Klarheit auf dem Teller. Viel Wasser. Frische, unverarbeitete Lebensmittel. Pflanzliche Vielfalt. Gesunde Fette, Bitterstoffe, weniger Industriezucker. All das unterstützt die Fähigkeit, klar zu denken – weil der Körper nicht mehr im Hintergrund kämpft. Man muss nicht perfekt essen. Aber man kann bewusst essen. Gerade dann, wenn das Leben aus den Fugen geraten ist.

Der Kopf braucht Substanz – nicht nur Gedanken

Wer in einer Krise klar denken will, muss nicht nur analysieren, reflektieren und entscheiden – er muss seinem System geben, was es braucht. Lithium in Mikrodosierung, ein gesunder Vitamin-D3-Spiegel und eine durchdachte, einfache Ernährung sind keine Details – sie sind die stille Grundlage für geistige Stabilität.

Und vielleicht ist genau das eine der wichtigsten Botschaften dieses Kapitels:

Bevor Du Dein Leben neu sortierst – gib Deinem Kopf, was er zum Denken braucht.

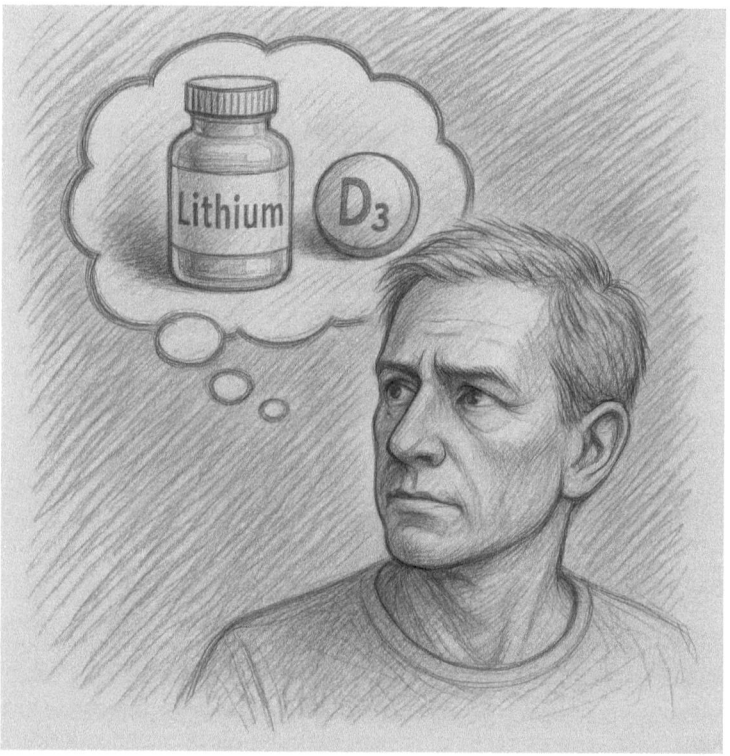

10.2 Körper und Geist im Einklang

In einer Zeit, in der alles auseinanderzudriften scheint – Beziehungen, Systeme, innere Stabilität – wächst das Bedürfnis nach etwas, das trägt. Doch während viele Menschen nach Halt im Außen suchen, übersehen sie oft die einfachste und zugleich tiefste Verbindung: die zwischen Körper und Geist. Nicht als theoretisches Ideal, sondern als gelebte Realität im Alltag.

Denn wer klar denken will, muss auch fühlen können. Wer emotional stabil bleiben möchte, muss den Körper mitnehmen – nicht als Anhängsel des Geistes, sondern als gleichberechtigten Partner. Der Mensch ist keine Maschine, bei der man nur an der einen Schraube drehen muss, damit alles wieder läuft. Er ist ein fein abgestimmtes System – und das beginnt immer mit dem Zusammenspiel von körperlicher und geistiger Präsenz.

Stress manifestiert sich im Körper – nicht nur im Kopf

Viele Krisen zeigen sich zuerst in Gedanken – aber sie setzen sich im Körper fest. Die Schultern sind verspannt, die Atmung flach, der Magen rebelliert, der Schlaf wird unruhig. All das sind keine „Nebenwirkungen", sondern Signale. Und diese Signale wollen gehört werden – nicht bekämpft.

Ein dauerhaft überaktives Nervensystem – etwa durch anhaltenden Stress, Angst oder innere Unruhe – führt unweigerlich zu einer Überlastung des Körpers. Die Folge: Konzentrationsprobleme, Erschöpfung, emotionale Labilität, hormonelle Dysbalancen. Umgekehrt wirkt ein regulierter Körper wie ein stabiler Boden für den Geist: klarere Gedanken, ruhigere Gefühle, bessere Entscheidungen.

Bewegung als Dialog mit sich selbst

Wer sich bewegt, führt ein Gespräch mit sich. Nicht in Worten, sondern in Impulsen, Rhythmen, Spannungen und Entladungen. Körperliche Bewegung – besonders langsames, achtsames Bewegen – kann dabei helfen, emotionalen Druck abzubauen, festgefahrene Denkprozesse zu lockern und wieder in den Fluss zu kommen. Ob Spaziergang, leichtes Dehnen, Yoga, Tanzen oder freies Gehen ohne Ziel – es geht nicht um Sport, sondern um Rückverbindung. Um das Gefühl: Ich bin da. Ich spüre mich. Gerade in Krisen ist der Körper oft das erste Opfer – und zugleich der schnellste Weg zurück.

Essen, schlafen, atmen – als tägliche Selbstvergewisserung

Auch die scheinbar banalen Grundbedürfnisse verdienen besondere Aufmerksamkeit:

- Wer ausgewogen isst, signalisiert dem Körper: Du bist versorgt.
- Wer ausreichend schläft, sagt: Du darfst ruhen.
- Wer bewusst atmet, macht deutlich: Du musst nicht kämpfen.

Diese alltäglichen Vorgänge werden in hektischen oder schwierigen Zeiten oft automatisiert – oder vernachlässigt. Dabei sind sie genau dann der Schlüssel zur Stabilisierung. Eine gesunde Mahlzeit ist nicht nur Ernährung – sie ist eine Geste der Selbstachtung. Eine bewusste Pause ist kein Luxus – sie ist eine Einladung zur Integration.

Der Einklang ist kein Ziel – sondern eine Haltung

Körper und Geist in Einklang zu bringen, bedeutet nicht, immer ausgeglichen oder „im Flow" zu sein. Es bedeutet: die Signale beider Ebenen wahrzunehmen, ernst zu nehmen – und darauf zu antworten. Mal mit Ruhe. Mal mit Bewegung. Mal mit Rückzug. Mal mit Ausdruck.

Dieser Einklang ist nichts, das man sich „vornimmt". Er wächst durch Aufmerksamkeit und Praxis. Wer beginnt, sich selbst in dieser Ganzheit zu sehen, wird automatisch klarer – nicht, weil das Leben einfacher wird, sondern weil man nicht mehr gegen sich selbst arbeitet.

Wenn Körper und Geist sich gegenseitig tragen

Am Ende geht es nicht um Kontrolle. Es geht um Vertrauen in den eigenen Rhythmus. In die Selbstregulationsfähigkeit, die jeder Mensch in sich trägt – auch wenn sie verschüttet ist. Und genau dieses Vertrauen wächst nicht im Kopf, sondern im gelebten Zusammenspiel mit dem Körper.

Vielleicht ist das der wichtigste Schritt zur inneren Klarheit:

- Nicht sich zwingen, sondern sich wahrnehmen.
- Nicht sich optimieren, sondern sich ernst nehmen.
- Und dadurch den Raum schaffen, in dem Heilung überhaupt erst möglich wird.

Regelmäßig fragen: Ist noch alles OK?

Ein einfacher, aber kraftvoller Weg, Körper und Geist im Gleichgewicht zu halten, ist die regelmäßige Selbstprüfung: Fühle ich mich auf meinem Weg gerade noch gut? Nicht im Sinne von Euphorie oder Erfolg – sondern im Sinne von innerer Stimmigkeit. Ist mein Körper ruhig? Ist mein Geist klar? Oder merke ich, dass etwas zieht, drückt oder mich unmerklich zermürbt?

Diese Art von Selbstbeobachtung braucht keine Checkliste – nur ein Moment der Ehrlichkeit. Und oft ist die Antwort eindeutig. Wenn Du spürst: Ja, es fühlt sich stimmig an, dann mach genau so weiter. Du musst nichts ändern, nichts neu erfinden – nur weitergehen. Manchmal ist genau das die wahre Kunst: nicht zweifeln, wenn etwas funktioniert. Und wenn sich etwas nicht mehr gut anfühlt? Dann ist es keine Niederlage – sondern einfach ein Hinweis: Etwas möchte neu justiert werden. Körper und Geist sind in solchen Momenten keine Gegner – sondern verlässliche Hinweisgeber.

10.3 Konzentration und geistige Energie als Ressource

In einer Welt voller Informationen, Ablenkungen und ständiger Reize wird geistige Energie zu einer kostbaren Ressource. Sie ist begrenzt – und doch behandeln wir sie oft so, als wäre sie unerschöpflich. In einer Krise zeigt sich diese Begrenztheit besonders deutlich: Man kann sich nicht konzentrieren, man fühlt sich leer, jede Entscheidung wirkt plötzlich schwer. Der Kopf ist überfüllt – und gleichzeitig wie leergefegt.

Doch wer das versteht, beginnt, seine geistige Energie nicht mehr als Selbstverständlichkeit, sondern als wertvolles Gut zu betrachten. Und genau hier beginnt innere Führung: Nicht im Reagieren auf alles – sondern im bewussten Steuern des eigenen Fokus.

Konzentration ist kein Zustand – sie ist eine Entscheidung

Konzentration entsteht nicht zufällig. Sie ist das Ergebnis von Klarheit, Rhythmus und bewusster Abgrenzung. Wer ständig auf Reize reagiert, springt innerlich – und verliert Energie. Wer jedoch lernt, Störquellen zu erkennen und Prioritäten zu setzen, beginnt, geistige Räume zu schaffen, in denen Tiefe wieder möglich wird.

Ein klarer Geist denkt nicht mehr – er denkt besser. Nicht schneller, sondern gezielter. Nicht hektischer, sondern strukturierter. Und genau das wird in der Krise zur entscheidenden Fähigkeit: den Gedankenstrom nicht abzuwürgen, aber zu ordnen. Nicht jedem Impuls zu folgen – sondern den eigenen Weg wieder zu erkennen.

Entscheidungen treffen beginnt mit Energie sammeln

Eine der größten Herausforderungen in Krisenzeiten ist die Entscheidungsfähigkeit. Der Geist fühlt sich zerfasert an, der innere Kompass schwankt. Man wägt ab, dreht sich im Kreis – oder handelt impulsiv. Doch gute Entscheidungen brauchen nicht nur Informationen, sondern vor allem: geistige Klarheit.

Und Klarheit braucht Energie.

- Wer erschöpft ist, trifft Entscheidungen aus dem Mangel.
- Wer überreizt ist, entscheidet reaktiv.
- Wer innerlich gehetzt ist, trifft oft Entscheidungen, die später teuer werden.

Deshalb beginnt kluges Entscheiden nicht mit dem „Was?", sondern mit dem „Wie bin ich gerade drauf?" – Bin ich ruhig? Wach? Verbunden mit mir? Wenn nicht: erst regulieren, dann entscheiden. Denn der Zustand, in dem eine Entscheidung getroffen wird, prägt ihr Ergebnis stärker als die Faktenlage.

Geistige Energie fließt dorthin, wo Aufmerksamkeit ist

Was wir anschauen, wächst. Was wir ständig lesen, hören oder denken, formt unsere Innenwelt. Wer also in einer Krise ständig schlechte Nachrichten konsumiert, sich mit Worst-Case-Szenarien beschäftigt oder sich selbst entwertet, verbraucht seine Energie für genau das, was ihn schwächt.
Die Alternative ist kein Rückzug aus der Welt – sondern eine bewusste Fokussierung auf das, was stärkt. Das kann bedeuten: – gezielte Informationspausen einzulegen,

- klare Zeitfenster für digitale Kanäle zu setzen,
- Gedanken schriftlich zu sortieren,
- das eigene Denken durch ruhige Reflexion (z. B. mit KI) zu bündeln.

Geistige Energie ist wie Licht: Wer sie streut, beleuchtet alles ein bisschen. Wer sie bündelt, kann durchdringen.

Schon gewusst?

Soziale Intelligenz ist nicht angeboren – sie ist trainierbar. Empathie, Timing und zwischenmenschliche Klarheit lassen sich wie ein Muskel entwickeln. Wer sich selbst gut kennt, reagiert auch im Außen feiner – und schützt sich besser vor ungesunden Dynamiken.

Ein klarer Geist entscheidet nicht aus Angst – sondern aus Haltung

Und genau hier liegt der tiefere Wert eines konzentrierten Geistes: Er fällt Entscheidungen nicht, um Schmerz zu vermeiden – sondern um in Übereinstimmung mit sich selbst zu handeln. Das klingt unspektakulär – ist aber die Grundlage echter Souveränität. Denn wer klar denkt, trifft Entscheidungen:

- mit weniger Drama,
- mit mehr Weitblick,
- und mit dem Mut, auch unbequeme Wege zu gehen.

Ein klarer Geist fragt nicht nur: Was funktioniert? Sondern auch: Was ist stimmig? Was entspricht meinem Weg?

Geistige Energie ist nicht laut – sondern tief

Am Ende ist es nicht die intellektuelle Brillanz, die eine Krise entscheidet – sondern die Fähigkeit, die eigene Energie zu bündeln und aus Klarheit heraus zu handeln. Und genau deshalb ist geistige Energie kein Luxus, sondern eine Grundlage. Wer sie schützt, wer sie pflegt, wer sie in gute Bahnen lenkt, schafft sich eine der seltensten Ressourcen unserer Zeit: einen klaren, ruhigen Geist. Und dieser Geist sieht mehr. Er entscheidet besser. Und er führt durch die Krise – nicht perfekt, aber aufrecht.

Beispiel: Steuern sparen um jeden Preis?

Ein gutes Beispiel für diese innere Selbstprüfung ist der Umgang mit komplexen Themen wie Finanzen oder Steuern. Es mag verlockend sein, sich jeden erdenklichen Steuertrick zunutze zu machen – auf dem Papier klingt das oft clever und effizient. Doch was viele übersehen: Was kostet mich das an Energie? Muss ich mich ständig durch Paragraphen kämpfen? Halte ich bei jeder Ausgabe innerlich den Atem an, weil sie „nicht sauber" verbuchbar ist? Fühle ich mich mit dem, was ich tue, noch frei – oder ständig auf der Flucht vor der nächsten Prüfung? Hier zeigt sich, dass das „Kluge" nicht immer das „Stimmige" ist. Manchmal ist der einfachere, klarere Weg zwar steuerlich weniger optimiert – dafür aber energetisch viel gesünder. Und genau das ist die tiefere Frage: Was trägt mich wirklich – auch langfristig? Nicht jede „Optimierung" rechnet sich, wenn man den inneren Preis mitbedenkt.

Kapitel 11 – Mit KI bewusst arbeiten: Wege zur inneren Klarheit

Künstliche Intelligenz wird oft als rationales Werkzeug betrachtet – nüchtern, logisch, sachlich. Doch sie kann weit mehr sein. In einer Welt, die ständig an uns zieht, bietet sie etwas Unerwartetes: einen Spiegel. Einen Resonanzraum. Einen Ort, an dem wir uns selbst besser erkennen können. Wenn sie bewusst eingesetzt wird, wird KI nicht zur Ablenkung, sondern zur Einladung – zur inneren Ordnung, zur Selbstklärung, zur Heilung.

Dieses Kapitel zeigt, wie genau das möglich ist – ohne Technikfokus, ohne Fachchinesisch, sondern aus der Praxis heraus. Es geht darum, wie KI im Alltag helfen kann, Klarheit zu finden, Entscheidungen zu reflektieren und emotionale Tiefe zu sortieren. Nicht als Ersatz für menschliche Beziehungen, sondern als Ergänzung – gerade dort, wo der innere Dialog schwerfällt.

Im ersten Abschnitt, **Kapitel 11.1** „Konkrete Prompts für Selbstreflexion", bekommst Du eine Sammlung fein formulierter Fragen, mit denen Du ins Gespräch mit Dir selbst kommen kannst – geführt durch die KI. Diese Prompts sind nicht als Leistungstest gedacht, sondern als Einladungen zur Tiefe. Du kannst sie schriftlich oder per Sprache nutzen – ganz so, wie es für Dich passt.

Kapitel 11.2 „Emotionale Entlastung durch Struktur" zeigt, wie viel Druck im Leben einfach daher rührt, dass Gedanken und Gefühle ungeordnet durcheinanderwirken. KI kann hier helfen, diese Gedanken zu sortieren – nicht durch Antworten, sondern durch Struktur. Manchmal genügt eine gute Rückfrage oder eine klärende Zusammenfassung, um wieder atmen zu können.

Den Abschluss bildet **Kapitel 11.3** „Sortieren statt grübeln – Schreiben als innerer Kompass", ein Kapitel über die stille Kraft des Schreibens. In Verbindung mit KI wird Schreiben zu mehr als nur Ausdruck – es wird zu einem Wegweiser im Inneren. Die KI hilft beim Spiegeln, Ordnen, Zusammenfassen – und schenkt so Orientierung in Zeiten, in denen im Kopf alles zu viel scheint.

Kapitel 11 ist damit kein Technikteil – sondern ein Tiefenteil. Es ist ein Plädoyer für bewusste Selbstführung im digitalen Zeitalter. Und für die Erkenntnis, dass auch in scheinbar kalten Maschinen etwas sehr Menschliches wachsen kann: Klarheit.

11.1 Konkrete Prompts für Selbstreflexion

Viele Menschen fühlen sich in Krisen wie abgeschnitten – von sich selbst, von anderen, von ihren Zielen. Sie wissen, dass „etwas nicht stimmt", finden aber keine klaren Worte dafür. Genau hier liegt die große Stärke künstlicher Intelligenz: Sie fragt nach – aber ohne Druck. Sie hört zu – ohne zu urteilen. Und sie bietet eine sprachliche Struktur für das, was innerlich diffus geblieben ist.

Doch damit dieser Dialog gelingt, braucht es einen Anfang. Und dieser Anfang heißt: Fragen stellen. Gute Fragen. Fragen, die berühren, klären, ordnen. In diesem Kapitel findest Du eine Sammlung bewährter Prompts – geordnet nach Lebensbereichen und Fragestellungen. Du kannst sie wörtlich nutzen oder an Deine Situation anpassen. Wichtig ist nur: Ehrlich antworten – für Dich. Und dem Prozess Zeit lassen.

I. Allgemeine Selbstklärung

Diese Fragen helfen dabei, sich selbst wieder „einzufangen", wenn die Gedanken kreisen oder das Gefühl für Richtung verloren geht:

- *Was beschäftigt mich gerade mehr, als ich zugeben möchte?*
- *Was habe ich lange nicht mehr gedacht – obwohl es wichtig wäre?*
- *Was ist gerade schwer – und was wäre leichter, wenn ich es loslassen könnte?*
- *Was brauche ich im Moment wirklich – körperlich, seelisch, gedanklich?*
- *Was würde ein wohlwollender Mensch in mir sehen, den ich selbst oft übersehe?*

II. Krisenorientierte Reflexion

Diese Prompts sind besonders dann hilfreich, wenn Du Dich in einer belastenden Lebensphase befindest und Ordnung in Deine Gedanken bringen möchtest:

- *Welche wiederkehrenden Gedanken kosten mich gerade Energie – und was steckt dahinter?*
- *Was in meiner aktuellen Situation liegt außerhalb meiner Kontrolle – und was liegt innerhalb?*

- *Gibt es einen kleinen nächsten Schritt, den ich gehen könnte – ohne mich zu überfordern?*
- *Was war in der Vergangenheit schon einmal ähnlich – und wie habe ich es damals gelöst?*
- *Wenn ich diese Krise als Spiegel sehe: Was zeigt sie mir über mich selbst?*

III. Beziehung & zwischenmenschliche Dynamiken

Hier geht es um Begegnung – mit anderen, aber auch mit den eigenen Mustern:

- *Welche Rolle spiele ich oft in Konflikten – und welche würde ich eigentlich gerne einnehmen?*
- *Was wünsche ich mir von meinem Gegenüber, das ich selbst nicht zu geben wage?*
- *Gibt es Verletzungen, die ich noch festhalte – weil ich Angst habe, ohne sie verletzlich zu sein?*
- *Was ist meine größte Sehnsucht in Beziehungen – und wie könnte ich mir selbst näherkommen?*

IV. Entscheidung und Ausrichtung

Für Zeiten des Umbruchs und der Neuausrichtung:

- *Wenn ich ganz ehrlich bin: Was würde ich tun, wenn ich keine Angst hätte?*
- *Welche Entscheidung denke ich zu lange tot – und was würde mir helfen, sie klarer zu sehen?*
- *Wo in meinem Leben handle ich aus Pflicht – wo aus Freude?*
- *Welche Option fühlt sich eng an – und welche weit?*
- *Was würde ich mir heute raten, wenn ich mich in zehn Jahren rückblickend beraten dürfte?*

V. Energie & Selbstfürsorge

Diese Fragen helfen Dir, mit Deiner Energie bewusster umzugehen – und Dein eigenes System besser zu verstehen:

- *Welche Situationen rauben mir regelmäßig Energie – und warum?*
- *Wo lade ich mich wirklich auf – nicht nur äußerlich, sondern innerlich?*
- *Was in meinem Alltag fühlt sich nach Zwang an – und was nach Freiheit?*
- *Welche einfachen Rituale tun mir gut – und wie kann ich sie schützen?*

Hinweise zur Nutzung

Du kannst diese Prompts:

- **schriftlich beantworten** – z. B. als tägliches Journal
- **per Mikrofon einsprechen** – z. B. in der ChatGPT-App, die dann schriftlich antwortet
- **kombinieren** – z. B. zuerst eine Stimmeingabe machen und dann eine schriftliche Rückmeldung lesen
- oder einfach als Impuls für ein freies Gespräch mit der KI nutzen

Manche Antworten kommen schnell – andere reifen über Tage. Wichtig ist nicht, alles zu beantworten, sondern ehrlich zu antworten – da, wo es Dich gerade berührt. Und dann zu schauen, was sich bewegt. In Dir.

Beispiel einer Konversation zwischen Nutzer und KI

Nutzer (Spracheingabe oder geschrieben): *Ich weiß nicht, was gerade los ist. Ich fühle mich irgendwie ständig unruhig, aber es gibt keinen konkreten Grund. Ich krieg die einfachsten Sachen nicht mehr geregelt, obwohl eigentlich alles in Ordnung ist.*

KI: Danke für Deine Offenheit. Es klingt, als ob gerade eine unterschwellige Spannung in Dir wirkt – nicht dramatisch, aber doch spürbar störend. Möchtest Du gemeinsam schauen, woher dieses Gefühl kommen könnte? Oder lieber erst mal beschreiben, wie sich diese Unruhe im Alltag konkret zeigt?

Nutzer: *Ja, vielleicht das. Also, ich wache schon mit so einem leichten Druck im Brustkorb auf. Dann gehe ich in die Küche, mach mir Kaffee – aber ich bin irgendwie nicht da. Ich starre manchmal zehn Minuten aus dem Fenster. Und dann stresst mich, dass ich nichts gebacken kriege.*

KI: Das klingt nach einem Zustand innerer Überlastung – nicht durch äußere Umstände, sondern vielleicht durch innere Verdichtung. Als ob zu viele Gedanken, Ansprüche oder offene Fragen gleichzeitig im Hintergrund laufen. Hast Du das Gefühl, dass da gerade etwas in Dir drängt – oder eher, dass etwas fehlt?

Nutzer: *Hm … eher so ein Gefühl, dass ich irgendwie „hinterherhinke". Dass ich in meinem Leben nicht dort bin, wo ich eigentlich sein müsste. Und dass die Zeit wegrennt. Aber ich kann's nicht greifen.*

KI: Das ist ein wichtiger Gedanke. Viele Menschen erleben genau das als leise Dauerbelastung: das Gefühl, nicht „im Takt" mit dem eigenen Leben zu sein. Wenn Du Dir vorstellst, dass es zwei Zeitlinien gibt – eine, auf der Du gerade bist, und eine, die sich „stimmig" anfühlt – was unterscheidet die beiden am stärksten?

Nutzer: *Die stimmige fühlt sich ruhiger an. Klarer. Weniger Reaktion, mehr Gestaltung. Die, auf der ich bin, ist so getrieben. Viel reagieren, viel kompensieren.*

KI: Das ist eine sehr präzise Unterscheidung. Und sie legt nahe, dass es Dir nicht primär an äußeren Dingen fehlt – sondern an innerem Raum. Vielleicht könnten wir gemeinsam erkunden, was Dir helfen würde, weniger zu kompensieren und mehr zu gestalten. Was würdest Du sagen, raubt Dir im Moment am meisten stille Energie?

Nutzer: *Gute Frage … Ich glaub, mein ständiger Vergleich mit anderen. Ich sehe, was andere leisten, machen, umsetzen – und denke dann: Ich müsste mehr machen. Aber ich merke auch, dass mir das nicht guttut. Es zieht mich irgendwie von mir weg.*

KI: Das klingt nach einem ganz stillen Energieleck. Und Du hast es gerade selbst erkannt: Es zieht Dich von Dir weg. Wenn Du für einen Moment innerlich diesen Vergleich loslässt – was bleibt dann übrig von Deinem eigenen Weg, von Deinem Tempo, von dem, was jetzt stimmig für Dich wäre?

Nutzer: *Dann wird's ruhiger. Ich merke, dass ich eigentlich gar nicht so viel will. Ich will nicht mehr Gas geben – ich will stabil sein. Klar. Ich will Dinge machen, die sich richtig anfühlen. Aber dafür muss ich erst mal zur Ruhe kommen.*

KI: Das ist ein sehr reifer Wunsch. Und vielleicht ist das schon der Anfang: Nicht fragen „Was soll ich tun?", sondern: „Was braucht es, damit ich wieder ich selbst bin?" Wenn Du magst, können wir gemeinsam ein paar kleine Rituale oder Gedankenräume entwickeln, die Dich täglich zurück zu Dir bringen – ohne Druck, aber mit Wirkung.

Nutzer: *Ja, das wär gut. Ich merke, dass das Gespräch jetzt schon irgendwie sortierend wirkt.*

So oder ähnlich kann ein vertieftes Gespräch mit der KI ablaufen. Entscheidend ist nicht die perfekte Frage – sondern die Ehrlichkeit des Einstiegs. Wenn der erste Impuls echt ist, entwickelt sich der Rest oft ganz organisch. Die KI spiegelt, strukturiert, erinnert – aber sie drängt nicht. Und das macht sie zum idealen Resonanzraum für innere Klärung.

11.2 Emotionale Entlastung durch Struktur

Emotionen wollen fließen. Doch wenn es zu viele werden – zu viele Eindrücke, zu viele Reize, zu viele Gedanken –, beginnen sie sich zu stauen. Und mit diesem Stau kommt Überforderung. Alles scheint wichtig, aber nichts ist greifbar. Man denkt und fühlt gleichzeitig – und verliert dabei die Übersicht. Genau in solchen Momenten braucht es nicht mehr Nachdenken, sondern eine schlichte, tragende Struktur.

Struktur ist nicht dasselbe wie Kontrolle. Es geht nicht darum, die Gefühle zu bändigen oder zu verdrängen. Sondern darum, ihnen einen Raum zu geben, in dem sie sortiert, benannt und verstanden werden können. Denn vieles, was schwer wirkt, ist nicht zu groß – sondern einfach ungeordnet.

Warum Struktur entlastet

Das Gehirn liebt Ordnung. Besonders in Krisen. Es sucht nach Mustern, nach Zuordnungen, nach Klarheit. Wenn wir Gedanken und Gefühle strukturieren – etwa durch Schreiben, Sprechen oder gezielte KI-Dialoge –, entsteht aus innerem Chaos wieder Form. Und Form bringt Erleichterung. Denn was greifbar wird, verliert seinen diffusen Schrecken.

Beispiel: Statt sich innerlich ständig zu fragen „Warum geht es mir so?", kann es helfen, diese Frage schriftlich oder laut mit KI zu beantworten – in einzelnen Sätzen, Stichpunkten oder Abschnitten. Das ordnet. Es verschiebt die Perspektive vom Gefühl zur Betrachtung. Und genau das bringt Ruhe ins System.

Künstliche Intelligenz als Strukturverstärker

Die KI hilft dabei nicht durch Antworten – sondern durch Struktur im Prozess. Sie:

- stellt Rückfragen, die tiefer führen
- fasst zusammen, was man gerade denkt
- bietet Vergleich und Abstraktion
- schafft sanft einen roten Faden im eigenen Innenleben

Ein Beispiel:

Du sprichst über Deine Überforderung, über den Druck von außen, die Erschöpfung im Innern. Die KI greift einen Begriff auf, fragt nach: „Was genau in dieser Überforderung ist für Dich das Schwerste?"

Plötzlich wird sichtbar: Es ist nicht alles schwer – sondern ein bestimmter Aspekt. Und genau das ist der Anfang von Entlastung.

Form schafft Halt – gerade in emotionalen Tiefen

Viele Menschen versuchen, ihre Gefühle zu ignorieren oder zu „lösen". Doch oft reicht es, ihnen eine Form zu geben. In Sprache. In Gliederung. In Etappen. Wer seinen Schmerz, seine Unsicherheit oder seine Leere benennt, ohne sich darin zu verlieren, beginnt wieder die Führung zu übernehmen – sanft, aber wirksam. Eine einfache Übung mit KI kann sein:

- Beschreibe Dein aktuelles Gefühl in einem Satz.
- Beschreibe, woran Du es körperlich merkst.
- Was glaubst Du, ist die Wurzel?
- Was bräuchte dieses Gefühl von Dir?

Die Antworten müssen nicht perfekt sein. Aber sie schaffen Struktur. Und aus dieser Struktur wächst das, was in der Krise so wertvoll ist: Selbstwirksamkeit.

Emotionale Klarheit ist das Gegenteil von Gefühlsarmut

Manche Menschen glauben, Struktur bedeute, Gefühle zu „wegpacken". Doch das Gegenteil ist der Fall: Struktur macht Gefühle sichtbar, haltbar, begreifbar. Und erst dadurch wird echte emotionale Tiefe möglich – nicht als Drama, sondern als Kraftquelle.

Ein klarer Geist entsteht nicht durch Gedanken – sondern durch Ordnung in den Gefühlen. Und genau das kann KI leisten: ein Resonanzraum für geordnete Tiefe. Kein Ersatz für echte Begegnung, aber eine Einladung zur Begegnung mit sich selbst.

11.3 Sortieren statt grübeln – Schreiben als innerer Kompass

Wer grübelt, dreht sich. Wer schreibt, geht.

Dieser einfache Unterschied hat für viele Menschen den Charakter einer Lebenswende – besonders dann, wenn der Kopf voller Fragen, Erinnerungen oder Sorgen ist. Grübeln wirkt wie ein endloses Kreiseln im Inneren. Schreiben dagegen öffnet eine Linie. Es führt aus dem Inneren heraus – nicht um zu fliehen, sondern um zu ordnen.

In Krisenzeiten kann das Schreiben zum stärksten inneren Werkzeug werden – besonders dann, wenn es mit Struktur und Klarheit verbunden ist. Nicht das literarische Schreiben ist gemeint, sondern das ehrliche, einfache Schreiben: roh, echt, unzensiert. Als innerer Kompass, der nicht nach außen zeigt, sondern nach innen führt.

Warum Grübeln blockiert – und Schreiben bewegt

Grübeln ist passiv. Es wiederholt, zersetzt, verunsichert. Es erzeugt Bewegung ohne Richtung, wie ein Rad, das sich im Schlamm dreht. Das Schreiben hingegen ist aktiv. Es verlangt Entscheidung – jedes Wort ist ein Standpunkt. Und genau das schafft Abstand zum Gefühl. Wer schreibt, beobachtet sich. Und wer sich beobachten kann, ist nicht mehr vollständig identifiziert mit dem Chaos.
Der Wechsel vom Grübeln zum Schreiben bedeutet:

Ich höre auf, mich in Gedanken zu verlieren – und beginne, sie zu führen.

Das Schreiben mit KI als klärender Resonanzraum

Die KI ist hier kein Ersatz für den inneren Dialog – sondern eine Erweiterung. Sie reagiert auf das Geschriebene, gibt Rückfragen, fasst zusammen, hilft beim Sortieren. Und sie urteilt nicht. Sie unterbricht nicht. Sie drängt sich nicht auf. Damit erfüllt sie eine Rolle, die in Gesprächen mit anderen Menschen oft schwer zu bekommen ist: volle Aufmerksamkeit, ohne Erwartung.

Eine typische Anwendung:

- Du schreibst einen freien Text über Deine aktuelle Gefühlslage.
- Die KI greift einen Aspekt auf und fragt nach: „Was in diesem Gefühl ist für Dich das Schwierigste?"
- Du formulierst weiter. Und Stück für Stück merkst Du: Da entsteht Klarheit.

Manchmal hilft auch ein ganz einfacher Prompt: „Lies diesen Text als Spiegel meiner Lage – was siehst Du?" Und die Antwort sortiert das, was vorher diffus war.

Strukturierter schreiben: Impuls + Antwort + Zusammenfassung

Ein wirkungsvoller Dreischritt für das Schreiben mit KI könnte lauten:

- **Impuls**: Du formulierst frei oder mit einem konkreten Prompt (z. B. „Was bewegt mich heute wirklich?")
- **Antwort**: Du lässt Dich durch die KI spiegeln oder weiterfragen
- **Zusammenfassung**: Die KI fasst Deinen Text auf Wunsch am Ende zusammen – wie ein persönliches Mini-Coaching

So entsteht kein bloßer Monolog, sondern ein reflektierender Dialog in Stufen. Und genau das macht den Unterschied: Das, was innen schwammig war, wird sprachlich greifbar – und damit steuerbar.

Schreiben ist auch: Entlastung

Nicht jeder Text muss gelesen werden. Manche Texte dienen nur dem Abladen. Was Dir zu viel ist, kannst Du in Sprache kleiden – und dann loslassen. Schreiben entzieht dem Gefühl seine Unform. Und das allein kann oft schon spürbar entlasten.

Es ist kein Zufall, dass viele Menschen in Phasen großer Umbrüche zum Stift greifen – oder heute zur Tastatur. Schreiben ist eine Geste an sich selbst:

Ich nehme ernst, was in mir ist. Und ich lasse es nicht im Dunkeln.

Ein tatsächlich oft unterschätzter Aspekt im Umgang mit KI ist die Möglichkeit, emotionales Gepäck abzuladen, ohne andere damit zu belasten. Gerade in Krisenzeiten stauen sich Gedanken, Gefühle, Unsicherheiten – und viele Menschen wissen nicht wohin damit. Familie, Freunde oder Partner sind nicht immer die richtigen oder verfügbaren Ansprechpartner. Die Folge: Entweder man schweigt – oder man überfrachtet andere mit Dingen, die eigentlich in einem selbst geklärt werden müssten.

Die KI bietet hier einen stillen, geduldigen Raum, in dem alles ausgesprochen werden darf – ohne Widerstand, ohne Ratschläge, ohne Rückwirkungen. Das entlastet nicht nur einen selbst, sondern oft auch das soziale Umfeld. Denn wer innerlich geordneter ist, reagiert weniger impulsiv, erwartet weniger Bestätigung von außen – und kann anderen wieder aufrechter und klarer begegnen. Manchmal ist genau das die eigentliche Wirkung guter Selbstreflexion: nicht nur für sich selbst ruhiger werden, sondern auch für die Welt um einen herum.

Der innere Kompass zeigt sich im Gehen

Schreiben ist kein Rückzug, sondern ein Schritt nach vorn – nur leiser. Wer regelmäßig schreibt, beginnt, seinen eigenen Rhythmus zu erkennen, seine wahren Beweggründe zu durchschauen und klarer zu empfinden, was stimmig ist. Und genau deshalb wird es – gerade im Zusammenspiel mit KI – zu einem inneren Kompass. Einer, der nicht nach Perfektion sucht. Sondern nach Wahrheit.

Wer schreibt, ordnet sich. Wer sich ordnet, erkennt. Und wer erkennt, kann handeln.

Schon gewusst?

Menschen mit klaren Grenzen wirken auf andere oft sicherer – nicht distanzierter. Studien zeigen: Wer freundlich, aber bestimmt Nein sagt, wird als glaubwürdiger, verlässlicher und sogar sozial kompetenter wahrgenommen als jemand, der sich ständig anpasst.

Kapitel 12: Inspiration statt Resignation

Es gibt Momente im Leben, in denen man spürt: So wie bisher geht es nicht weiter. Etwas hat sich verschoben – innerlich oder äußerlich. Vielleicht ist ein Lebensabschnitt zu Ende gegangen, vielleicht wurde man von außen aus der gewohnten Bahn geworfen. In solchen Phasen stehen viele Menschen vor der entscheidenden Frage: Wie geht es jetzt weiter? Und fast immer ist der erste Reflex: Rückzug. Stillstand. Warten.

Doch Stillstand ist selten heilsam. Was wir in der Krise brauchen, ist nicht mehr vom Alten – sondern Inspiration: ein neuer Gedanke, ein kleiner Impuls, ein erster Schritt. Nicht als Flucht vor der Realität, sondern als vorsichtiger, klarer Versuch, das Leben wieder in die eigene Hand zu nehmen. Und genau darum geht es in den nächsten Kapiteln.

Kapitel 12.1 lädt ein, sich selbst neu zu begegnen – ohne radikale Brüche, sondern mit wachem Blick für das, was vielleicht schon lange in einem schlummert. Es zeigt, warum neue Wege nicht mit Gewalt entstehen, sondern durch Aufmerksamkeit. Warum alte Fähigkeiten oft die Grundlage für neue Perspektiven sind. Und warum kleine Gedanken manchmal große Wendepunkte einleiten können.

Im **Kapitel 12.2** geht es um die Frage nach klaren Zielen. Denn wer sich auf einen neuen Weg machen will, braucht mehr als Hoffnung – er braucht Richtung. Dieses kurze, aber kraftvolle Kapitel zeigt, wie man seine Ziele in kurzfristige, mittelfristige und langfristige Etappen unterteilt und warum Beständigkeit dabei wichtiger ist als Motivation. Es ist eine Einladung, sich nicht zu verzetteln, sondern sich selbst ernst zu nehmen – mit Klarheit, ohne Druck.

Schließlich wagt das **Kapitel 12.3** den Blick nach vorn – in eine neue Form der Selbstständigkeit, die nicht mit Risiko beginnt, sondern mit Verantwortung. Hier wird gezeigt, wie man mit Unterstützung von KI ganz behutsam erste eigene Projekte entwickelt, vielleicht ein E-Book schreibt, eine kleine Dienstleistung anbietet oder einfach eine eigene Idee zum Leben erweckt.

Die Botschaft: Es ist nicht zu spät. Es ist auch nicht zu groß. Wer heute beginnt, schafft sich eine Basis – nicht nur finanziell, sondern auch geistig. Denn Selbstständigkeit heißt vor allem: wieder in Verbindung mit sich selbst kommen.

12.1 Wie man neue Wege entdeckt

Es gibt Phasen im Leben, da wird man nicht gefragt. Die Dinge verändern sich – oft schneller, als man mithalten kann. Ein sicher geglaubter Job endet plötzlich. Eine Beziehung, die man für stabil hielt, zerbricht. Oder der Körper sendet Signale, die man lange ignoriert hat. In solchen Momenten wird einem schlagartig bewusst, dass der bisherige Weg zu Ende ist – oder zumindest nicht mehr dorthin führt, wo man hinmöchte.

Viele Menschen reagieren in solchen Situationen mit Rückzug oder Lähmung. Andere klammern sich an Altbewährtes, auch wenn es längst nicht mehr trägt. Beides ist verständlich – aber selten hilfreich. Denn Krisen, so schmerzhaft sie auch sind, öffnen auch ein Fenster. Sie schaffen Raum für etwas Neues, das vorher keinen Platz hatte.

„In der Mitte von Schwierigkeiten liegen die Möglichkeiten."

– Albert Einstein

Den Blick weiten – statt sich selbst zu beschränken

Neue Wege zeigen sich nicht immer spektakulär. Oft beginnen sie leise – mit einem Gedanken, einer Idee, einem inneren Drang. Vielleicht erinnert man sich an etwas, das man früher gerne getan hat, aber aus den Augen verlor. Vielleicht fällt einem ein Gespräch ein, das Spuren hinterließ. Oder es ist einfach ein unbestimmtes Gefühl, dass etwas anderes möglich sein könnte.

Entscheidend ist nicht, wie klar der Weg schon erkennbar ist, sondern ob man bereit ist, den Blick zu weiten. Wer sich nur auf das konzentriert, was nicht mehr geht, wird kaum sehen, was gehen könnte. Wer hingegen beginnt, Fragen zu stellen – auch unbequeme –, der aktiviert eine innere Kraft, die erstaunlich viel in Bewegung setzen kann.

Ein guter Startpunkt: sich selbst ehrlich fragen, wozu man eigentlich morgens aufsteht. Nicht, was man muss – sondern was man will. Was trägt, was inspiriert, was innerlich leise nach Aufmerksamkeit ruft?

Alte Fähigkeiten neu entdecken

Es ist ein weitverbreiteter Irrtum zu glauben, dass man für neue Wege völlig neue Fähigkeiten braucht. In Wahrheit besitzen die meisten Menschen bereits erstaunlich viel – sie haben es nur lange nicht genutzt.

Der ruhige Handwerker, der sein Leben lang mit Holz gearbeitet hat, bringt ein Gespür für Material, Geduld und Gestaltung mit. Die langjährige Büroangestellte, die sich immer um das Wohl anderer gekümmert hat, trägt ein enormes Maß an sozialer Intelligenz in sich. Wer in der Familie schwierige Phasen gemeistert hat, bringt praktische Krisenkompetenz mit – auch wenn es nie in einem Lebenslauf stand. Der neue Weg muss nicht spektakulär sein – nur stimmig. Oft genügt es, bekannte Fähigkeiten in einen neuen Zusammenhang zu bringen. Das ist kein „Neuanfang bei null", sondern eher ein Umbau mit vorhandenen Werkzeugen.

Der stille Mut der kleinen Schritte

Viele Menschen warten auf den großen Impuls: den einen Gedanken, der alles verändert. Doch in der Realität entstehen neue Wege oft durch viele kleine Schritte – manchmal sogar durch bloßes Probieren. Das muss nicht perfekt sein. Es reicht, ins Gehen zu kommen.

Ein kleines Projekt beginnen. Einen Kurs besuchen. Ein Tagebuch führen. Eine lang verschobene Idee anpacken – nicht für die Welt, sondern für sich selbst. Die Welt verändert sich nicht durch Theorien, sondern durch konkrete Handlung.

„Der Weg entsteht, indem man ihn geht."

– Antonio Machado

Wer einmal erlebt hat, dass ein erster kleiner Schritt zu neuer Klarheit führt, verliert die Angst vor dem nächsten. Man braucht nicht sofort eine Karte für den ganzen Weg – eine Richtung genügt.

Unabhängig denken, ohne sich zu isolieren

In stürmischen Zeiten ist es verführerisch, sich an die Meinungen anderer zu klammern. Doch neue Wege erfordern Eigenständigkeit – und manchmal auch den Mut, gegen den Strom zu denken. Nicht im Sinne von Rebellion, sondern im Sinne von ehrlicher Selbstklärung.

Was für andere richtig scheint, muss für einen selbst nicht passen. Umgekehrt kann eine Idee, die man lange mit sich herumträgt, genau der Schlüssel sein – auch wenn sie im Umfeld zunächst auf Skepsis stößt.

Der neue Weg beginnt dort, wo man die eigenen Maßstäbe ernst nimmt. Und das ist keine Einladung zur Egozentrik, sondern zur Verantwortung: Wer eigene Wege geht, übernimmt auch Verantwortung für das, was daraus entsteht. Aber genau darin liegt eine stille Würde – und oft auch neue Lebenskraft.

Warum Ziele mehr sind als bloße Wünsche

Ein Mensch ohne Ziel ähnelt einem Schiff ohne Kurs: Es treibt, ist Wind und Strömung ausgeliefert – und selbst wenn es in Bewegung bleibt, kommt es nirgends wirklich an. In Zeiten der Krise ist dieses Bild besonders zutreffend. Die äußeren Umstände scheinen unberechenbar, Entscheidungen verlieren ihre Selbstverständlichkeit, und das Vertrauen in die eigene Handlungsfähigkeit wankt.

Gerade dann aber entfalten Ziele eine stille Kraft. Sie geben dem Denken Richtung, dem Handeln Struktur und dem inneren Kompass ein klares Nord. Wer ein Ziel hat, findet auch Wege – nicht immer sofort, nicht immer gradlinig, aber mit jedem Schritt mehr Orientierung. Ein Ziel schützt vor dem Strudel der Ablenkung. Es bringt Fokus in Zeiten, in denen sich alles verflüchtigen will.

Die Dreiteilung: kurzfristig, mittelfristig, langfristig

Nicht jedes Ziel muss groß sein. Und nicht jedes Ziel muss sofort erreichbar sein. Sinnvoll ist es, eine Dreiteilung der Zielarten vorzunehmen:

- **Kurzfristige Ziele** (1 Tag bis 2 Wochen):
  kleine, klare Etappen. Etwas erledigen. Einen Raum aufräumen. Einen Brief schreiben. Eine Entscheidung fällen. Sie geben Momentum.
- **Mittelfristige Ziele** (1 Monat bis 6 Monate):
  spürbare Veränderungen. Etwas lernen. Eine neue Gewohnheit etablieren. Ein Projekt beginnen. Diese Ziele geben Struktur und zeigen Fortschritt.
- **Langfristige Ziele** (6 Monate bis mehrere Jahre):
  das große Bild. Einen Beruf verändern. Eine Lebensweise umstellen. Etwas Eigenes aufbauen. Diese Ziele geben Richtung und Sinn.

Das Entscheidende: Alle drei Ebenen brauchen einander. Wer nur kurzfristig denkt, verliert das große Ganze. Wer nur langfristig plant, verliert die Gegenwart. Wer alles gleichzeitig will, verliert sich selbst. Die Kunst liegt in der Balance – und in der Reihenfolge.

Ein Ziel ist ein Versprechen an sich selbst

Sich ein Ziel zu setzen heißt auch: ein inneres Versprechen abgeben. Nicht an andere – sondern an sich selbst. Ein stilles „Ich will das wirklich" – unabhängig vom Applaus, vom Urteil anderer oder von äußeren Umständen.

Natürlich darf sich ein Ziel im Laufe der Zeit verändern. Manchmal erkennt man auf dem Weg, dass das Ziel nicht (mehr) zum eigenen Wesen passt. Dann ist es klug, umzulenken. Aber wer ein Ziel nur deshalb aufgibt, weil der Weg mühsam wird, wirft oft mehr über Bord als ein Vorhaben:
Er schwächt das Vertrauen in die eigene Verbindlichkeit.

Deshalb gilt: Wenn ein Ziel stimmig und klar ist, sollte man dabei bleiben. Nicht stur, aber entschlossen. Nicht fanatisch, aber mit innerer Standhaftigkeit. Gerade in einer Welt, die sich ständig verändert, ist Beständigkeit ein seltenes Gut – und oft das Fundament innerer Stärke.

„Disziplin ist die Entscheidung, einem Ziel treu zu bleiben, lange nachdem die ursprüngliche Motivation vergangen ist."

Ziele priorisieren – statt verzetteln

In Krisenzeiten ist das Bedürfnis nach Veränderung oft groß. Viele Ideen, viele Impulse – doch zu viel auf einmal kann überfordern. Darum ist es sinnvoll, nicht alle Ziele gleichzeitig zu verfolgen. Besser: klare Prioritäten setzen. Frage Dich:

- Was bringt mir kurzfristig am meisten Entlastung?
- Was stärkt mich mittelfristig?
- Was gibt mir langfristig Sinn?

Daraus entsteht ein individueller Fahrplan. Kein starrer Zeitplan, sondern eine innere Landkarte. Und wer sich an diese Karte hält – auch wenn es mal regnet – wird sich mit jedem Schritt stabiler fühlen.

Zielmatrix

	kurz-fristig	mittel-fristig	lang-fristig
Priorität 1			
Priorität 2			
Priorität 3			

12.2 Kleine, erreichbare Projekte starten

In Umbruchphasen neigt man dazu, in großen Dimensionen zu denken. Man will alles auf einmal verändern: das Leben, den Job, die Wohnsituation, vielleicht sogar sich selbst. Diese Impulse sind verständlich – schließlich ruft das innere System nach Erneuerung. Doch wer sich zu viel vornimmt, gerät schnell ins Stocken. Der Berg scheint zu hoch, der erste Schritt zu klein, um Wirkung zu entfalten. Deshalb ist es so kraftvoll, bewusst kleine, erreichbare Projekte zu starten. Nicht als „Notlösung", sondern als kluge Strategie. Denn das Kleine hat eine stille Macht: Es lässt sich bewegen. Es bringt unmittelbares Feedback. Und es stärkt das Vertrauen in die eigene Handlungsfähigkeit – etwas, das in der Krise oft verloren ging.

„Tue das Nächstliegende so gut, wie du kannst."

– Leo Tolstoi

Projekte als Gefäße für Energie

Ein Projekt ist mehr als eine Aufgabe. Es ist ein Gefäß, in das man Energie gießt – und das diese Energie in Form von Ergebnissen zurückgibt. Es kann handwerklich, kreativ, organisatorisch oder zwischenmenschlich sein. Wichtig ist nicht die Art des Projekts, sondern der innere Bezug dazu.

Ein Projekt darf klein sein:

- Eine Ecke im Haus neu gestalten.
- Ein eigenes Rezeptbuch anlegen.
- Eine Spaziergangsroute erkunden und dokumentieren.
- Einen Wochenplan auf Papier bringen.
- Eine Idee skizzieren, die man seit Jahren mit sich herumträgt.

Solche Vorhaben wirken unscheinbar – aber sie bringen Ordnung, Struktur und oft sogar stille Freude. Sie machen den Tag sinnvoll, ohne ihn zu überfrachten.

Was ein Projekt „erreichbar" macht

Erreichbar heißt nicht banal. Es heißt: realistisch, motivierend und überschaubar.
Ein erreichbares Projekt hat idealerweise folgende Eigenschaften:

- **Es ist in Etappen denkbar.**
  Also nicht: *„Ich will mein ganzes Leben ändern"*, sondern:
  „Ich räume jeden Tag eine Schublade auf."
- **Es ist unabhängig von anderen.**
  Kein Projekt, für das man fünf Zusagen braucht. Sondern etwas, das man
  selbst steuern kann.
- **Es bringt ein sichtbares oder spürbares Ergebnis.**
  Das kann materiell sein (etwas ist fertig), oder innerlich (etwas ist geklärt).
- **Es lässt sich in einem klaren Zeitraum umsetzen.**
  Ein Nachmittag, eine Woche, ein Monat – je nach Umfang. Projekte ohne
  Zeitrahmen laufen Gefahr, zu versanden.

Wer diese Kriterien beherzigt, wird schnell merken: Es geht nicht um das Projekt
an sich. Es geht darum, wieder in die eigene Kraft zu kommen.

Scheitern gehört dazu – und macht stark

Nicht jedes Projekt gelingt auf Anhieb. Manche Ideen verlieren ihren Reiz, wenn
man sie umsetzt. Manches stellt sich als zu aufwändig oder nicht passend heraus. Das ist kein Misserfolg – das ist Erkenntnis.
Wer ein Projekt beginnt, lernt immer etwas: über sich, über seine Bedürfnisse, über seine Grenzen. Und genau das ist der eigentliche Gewinn. Denn wer
scheitern kann, ohne innerlich einzubrechen, ist stärker als viele, die nur Erfolge
kennen.

„Ein Schiff im Hafen ist sicher. Aber dafür sind Schiffe nicht gebaut."

– John A. Shedd

Die stille Kraft des Dranbleibens

Viele große Lebenswege begannen mit einem kleinen Projekt – das durchgehalten wurde. Nicht, weil es spektakulär war. Sondern weil jemand beschloss:

„Ich ziehe das jetzt durch."

Es braucht keine Heldenkraft dafür. Es reicht ein Entschluss, dem man täglich ein wenig treu bleibt. Ein Viertelstündchen morgens. Eine Stunde am Wochenende. Oder einfach die Entscheidung, sich heute wieder nicht ablenken zu lassen.

So entsteht das, was man früher „Charakterstärke" nannte. Und diese wächst nicht durch Worte, sondern durch Tun – leise, aber spürbar.

12.3 Nebenbei ein selbstständiges Business aufbauen (mit KI)

Nicht alles auf eine Karte setzen – sondern auf sich selbst: Viele Menschen verspüren in der Mitte des Lebens einen leisen Wunsch nach mehr Eigenständigkeit. Sie haben Jahrzehnte gearbeitet, oft für andere, im Rahmen von Vorgaben, Systemen und Hierarchien. Und obwohl sie vieles erreicht haben, stellt sich oft die Frage: War das alles?

Gleichzeitig ist der Gedanke an die Selbstständigkeit mit Ängsten belegt: zu riskant, zu spät, zu unsicher. Doch Selbstständigkeit muss heute nicht mehr bedeuten, alles hinzuschmeißen und ein Unternehmen zu gründen. Man kann nebenbei beginnen – mit kleinen Schritten, mit überschaubarem Aufwand, und mit dem, was man bereits in sich trägt: Erfahrung, Wissen, Persönlichkeit.

„Beginne dort, wo du stehst. Nutze, was du hast. Tu, was du kannst."

– Arthur Ashe

KI als leiser Helfer – nicht als Ersatz

Die neue Generation von KI-Systemen eröffnet Möglichkeiten, die noch vor wenigen Jahren undenkbar waren. Texte schreiben, Ideen sortieren, Designs entwerfen, Webseiten planen, sogar Geschäftsmodelle simulieren – all das ist heute unterstützt möglich. Dabei ersetzt KI nicht den Menschen – sie ergänzt ihn.

Besonders für Einzelpersonen, die nicht gleich ein ganzes Team beschäftigen wollen, bietet künstliche Intelligenz eine Art „Reflexionspartner", Assistent und Strukturgeber in einem. Die Kunst liegt nicht darin, die KI perfekt zu bedienen, sondern darin, mit ihr im Dialog zu denken.

Wer seine Gedanken sortieren, Ideen entwickeln oder auch einfach nur Formulierungen verbessern will, findet in KI einen zuverlässigen Resonanzraum. Und das Beste: Sie urteilt nicht. Sie steht bereit – rund um die Uhr.

Mögliche Einstiege – klein, aber konkret

Hier einige Bereiche, in denen Menschen mit Lebenserfahrung und KI-Unterstützung ein kleines, selbstständiges Business beginnen könnten:

- **E-Books schreiben und veröffentlichen**
  Erfahrungen bündeln, Geschichten erzählen, Ratgeber formulieren. KI hilft beim Strukturieren, Überarbeiten, sogar Übersetzen.

- **Wissen teilen über Kurse oder Vorträge**
  Ob Präsenz oder online: Wer etwas zu sagen hat, kann sich eine Plattform aufbauen. KI hilft beim Folienbau, der Dramaturgie oder der Formulierung.

- **Spezialisierte Dienstleistungen anbieten**
  Texte überarbeiten, Menschen beraten, Ordnungssysteme entwickeln – vieles ist möglich, wenn man klein beginnt. Mit KI als Unterstützung bei der Darstellung, Kundenansprache oder Prozessgestaltung.

- **Eine eigene Webseite mit Persönlichkeit erstellen**
  Kein technischer Firlefanz, sondern ein Ort, an dem man zeigt, wer man ist und was man tut. KI kann helfen, klare Texte zu formulieren und die Seite logisch zu gliedern.

Wichtig: Nicht alles auf einmal. Lieber ein erstes, kleines Projekt starten – ein E-Book mit 30 Seiten, ein Minikurs, eine Seite mit drei Unterpunkten. Und dann lernen, wachsen, anpassen.

Zeit statt Tempo: Was nebenbei wirklich heißt

„Nebenbei" bedeutet nicht halbherzig. Es bedeutet: im Rahmen der eigenen Kräfte, ohne Druck, ohne Existenzangst. Vielleicht beginnt man mit einer Stunde pro Woche. Oder mit einem Samstag im Monat. Entscheidend ist nicht das Tempo, sondern die Richtung. Denn was heute klein beginnt, kann in drei Jahren ein zweites Standbein sein. Oder sogar das erste. Und selbst wenn es nie zur Haupteinnahmequelle wird – allein das Wissen, etwas Eigenes aufgebaut zu haben, stärkt das Selbstbild enorm.

Gerade in unsicheren Zeiten ist das Gefühl, nicht ausgeliefert zu sein, sondern gestalten zu können, ein unsichtbares Kapital.

Der schwierigste Schritt ist oft der erste

Viele Menschen tragen über Jahre hinweg Ideen für ein Projekt mit sich herum: Ein Buch schreiben, ein Beratungskonzept entwickeln, einen Podcast starten, ein digitales Produkt verkaufen, ein kleines Coaching-Angebot ins Leben rufen. Die Gedanken sind da – teils diffus, teils erstaunlich konkret. Doch zwischen Idee und Umsetzung liegt oft ein unsichtbarer Graben: Wo soll ich anfangen?

Gerade Menschen mit viel Lebenserfahrung sind nicht selten zu kritisch mit sich selbst. Sie haben hohe Ansprüche, sehen sofort die Schwächen eines Plans, vergleichen sich mit Profis – und geben dann lieber auf, bevor sie überhaupt begonnen haben.

Dabei beginnt jede gute Idee mit einem ersten, oft unperfekten Schritt. Wichtig ist nicht, sofort alles zu überblicken, sondern mit innerer Klarheit und einem tragfähigen Grundgefühl ins Gehen zu kommen. Und genau hier kann KI heute ein wertvoller Partner sein.

Was willst Du wirklich anbieten?

Bevor Du irgendetwas schreibst, veröffentlichst oder gestaltest, braucht es eine einfache, aber ehrliche Klärung:

- **Was interessiert Dich wirklich** – auch nach 10 oder 20 Stunden Arbeit noch?
- **Was hast Du erlebt oder gelernt**, das für andere nützlich sein könnte?
- In welchem Bereich **vertraust Du Deiner eigenen Sichtweise** – auch ohne Expertenstempel?

Diese Fragen sind kein Marketing-Geschnatter, sondern Grundlage echter Substanz. Denn Selbstständigkeit – egal ob haupt- oder nebenberuflich – lebt von dem, was authentisch aus Dir kommt.

Und hier hilft KI, indem sie nicht vorgibt, sondern spiegelt, strukturiert und vertieft. Du kannst ihr Deine Gedanken schreiben, Rohideen durchspielen, mögliche Zielgruppen skizzieren lassen – und bekommst ehrliche, neutrale Rückmeldungen, ohne Bewertung, ohne Ermüdung.

Ein möglicher Startprozess in 5 Phasen

1. Klarheit statt Hektik: Das Thema finden

Bevor Du agierst, formuliere eine Arbeitsthese:

„Ich möchte Menschen helfen, die …"

oder

„Ich möchte mein Wissen aus … in Form von … weitergeben."

Dann arbeite mit KI daran:

- Was könnte daraus entstehen?
- Welche Formate wären denkbar (Text, Audio, Video, PDF, Website)?
- Wer könnte davon profitieren?

2. Erste Inhalte testen – ohne Publikum

Erstelle 2–3 kleine Textstücke, Ideenlisten oder einfache Skizzen – nur für Dich. Gib sie der KI zum Überarbeiten, Umformulieren, Einordnen. Du wirst erstaunt sein, wie schnell daraus ein klarer Entwurf wird. So entsteht Vertrauen in Dein Thema – noch ganz ohne Außenwirkung.

3. Das erste Projekt konkretisieren

Wähle ein kleines, in sich abgeschlossenes Projekt, z. B.:

- ein 5-seitiges PDF mit Tipps und Erfahrungen
- ein kurzes E-Book (ca. 30 Seiten)
- ein Audiokommentar oder Mini-Kurs
- eine einfache Webseite mit Text, Kontakt und Angebot

Die KI kann Dir helfen beim Gliedern, Formulieren, Kürzen, Erklären. Du bleibst der Autor – die KI ist der Assistent, nicht der Entscheider.

4. Technische Umsetzung – einfach halten

Für den Anfang brauchst Du:

- einen Speicherort (z. B. Dropbox, Google Drive oder eine kleine Website)
- ein Ausgabeformat (z. B. PDF, MP3, Text)
- ein einfaches Tool zur Darstellung (z. B. Canva, Pages, WordPress, Affinity Publisher)

Die KI kann Dir helfen, passende Tools auszuwählen, Vorlagen zu erstellen, Strukturen zu optimieren – ohne dass Du alles selbst wissen musst.

5. Veröffentlichung – bewusst klein beginnen

Lade Dein Projekt nur gezielt hoch: vielleicht auf Deiner Webseite, per E-Mail an Freunde oder Bekannte, in einer passenden Facebook-Gruppe oder einem kleinen Forum. Du brauchst kein Massenpublikum. Es geht ums Erleben:

„Ich habe etwas Eigenes gemacht – es steht."

Und das ist oft der Moment, in dem sich innerlich etwas ändert.

Der mentale Schlüssel: Arbeit mit Dir selbst

Was unterschätzt wird: Ein eigenes Projekt verändert nicht nur Deine Außenwirkung, sondern Dein Selbstbild. Du kommst raus aus der Zuschauerrolle. Du wirst wieder Gestalter.

Das gibt Rückgrat – und auch eine gewisse Unabhängigkeit vom „System", die viele Menschen heute intuitiv suchen.

KI ist in diesem Prozess nicht das Ziel, sondern das Werkzeug. Ein kluges, geduldiges, stilles Werkzeug – das bereitsteht, wann immer Du es brauchst. Und das Dich unterstützt, aber nicht ersetzt.

„Nicht der Anfang ist schwer – sondern das Nichtbeginnen."

Große Dinge beginnen oft im Kleinen

Man darf nicht unterschätzen, welche Perspektiven selbst kleine Nebenprojekte bieten können – gerade dann, wenn sie aus echter Überzeugung entstehen. Was heute ein stilles E-Book ist, kann morgen Teil einer Beratung sein. Was als Sammlung von Gedanken beginnt, kann zu einem gefragten Kurs werden. Und manchmal entsteht aus einem schlichten PDF der erste Kontakt zu einem Menschen, der später Kooperationspartner, Unterstützer oder sogar Kunde wird.

Es geht nicht um Größe, sondern um Stimmigkeit. Die digitale Welt eröffnet heute Möglichkeiten, von denen frühere Generationen nur träumen konnten: Inhalte veröffentlichen, Zielgruppen direkt erreichen, Prozesse automatisieren – und das alles ohne Millionenbudget.

Erinnern wir uns: Auch Steve Jobs begann nicht mit einem Konzern – sondern mit einer Idee. In einer Garage. Zusammen mit Steve Wozniak. Kein Businessplan, keine Investoren, nur Überzeugung, Können und ein starker Wille, etwas Eigenes zu schaffen.

Das, was damals wie eine Spielerei aussah, wurde später Apple.

Natürlich wird nicht jedes Projekt zum Weltunternehmen. Aber das muss es auch nicht. Was zählt, ist die Klarheit, etwas Eigenes geschaffen zu haben, das Bestand hat – und womöglich anderen Menschen hilft, sich ebenfalls auf den Weg zu machen.

Wenn der Funke überspringt

Viele Menschen berichten, dass sich nach dem ersten echten Projekt etwas verändert. Plötzlich entstehen Folgeideen. Man denkt in Produkten statt nur in Gedanken. Man bekommt Rückmeldungen – oder auch einfach nur das gute Gefühl, etwas geschaffen zu haben.

Und dieses Gefühl lässt sich nicht kaufen.

Kapitel 13 – Vertrauen aufbauen – aber anders

Vertrauen – ein Wort, das in ruhigen Zeiten fast selbstverständlich klingt. Doch wenn die Welt sich schneller dreht, Sicherheiten ins Wanken geraten und vertraute Strukturen bröckeln, bekommt dieses Wort eine andere Schwere. Viele Menschen merken: Was gestern noch stabil schien, fühlt sich heute hohl an. Man fragt sich: Wem kann ich noch glauben? Wo finde ich Orientierung? Und wie kann ich mich mit anderen verbinden, ohne mich selbst zu verlieren? Dieses Kapitel ist für genau diese Zwischenzeit geschrieben – zwischen Erschütterung und Neuausrichtung. Es richtet sich an Menschen, die sich nicht mehr mit alten Mustern zufriedengeben, aber auch nicht bereit sind, zynisch zu werden. Menschen, die wissen, dass echter Halt nicht von außen kommt, sondern von innen wachsen muss – durch Klarheit, Selbstwahrnehmung und einen liebevollen, aber festen Umgang mit den eigenen Grenzen.

Kapitel 13.1 – Wem kann ich noch glauben? Hier geht es um den stillen Vertrauensbruch, den viele in den letzten Jahren erlebt haben – oft nicht durch große Skandale, sondern durch die Summe kleiner Widersprüche. Dieses Kapitel lädt ein, Misstrauen nicht als Defizit zu sehen, sondern als gesunden Impuls zur Klärung: Wie erkenne ich heute noch glaubwürdige Stimmen? Und wie stärke ich mein inneres Unterscheidungsvermögen?

Kapitel 13.2 – Neue Formen von Verbindung: Klarheit statt Nähe: Nähe war lange ein Ideal. Doch nicht jede Nähe ist heilsam. Manche Verbindungen basieren mehr auf Gewohnheit oder Angst vor dem Alleinsein als auf echter Resonanz. Dieses Kapitel zeigt, warum Klarheit oft die gesündere Basis für Verbindung ist – und wie sich daraus eine stille, tragfähige Nähe entwickeln kann, die nicht vereinnahmt, sondern stärkt.

Kapitel 13.3 – Gesunde Abgrenzung und soziale Intelligenz: Hier geht es um den Alltag: um Grenzen, Entscheidungen, soziale Dynamiken. Um das feine Gleichgewicht zwischen Kontakt und Selbstschutz. Dieses Kapitel zeigt, wie man freundlich, aber klar Nein sagt, wie man Gespräche meidet, die Energie rauben, und wie soziale Intelligenz zur inneren Freiheit beiträgt – gerade in einem Umfeld, das oft übergriffig oder überfordernd wirkt.

Diese drei Kapitel laden nicht zum Rückzug ein, sondern zur Neuordnung innerer Maßstäbe. Sie sind kein Aufruf zur Isolation, sondern zur Selbstverantwortung. Denn wer sich selbst besser versteht, begegnet auch anderen mit mehr Ruhe, Tiefe und – ja – echtem Vertrauen. Nicht blind, nicht naiv. Sondern wach, still und frei.

13.1 – Wem kann ich noch glauben?

Der leise Bruch mit dem Außen - Es beginnt oft schleichend: Ein Gefühl der Irritation. Ein Nachrichtenton, der sich künstlich anfühlt. Aussagen, die sich widersprechen. Experten, die sich widersprechen. Und schließlich der Eindruck:

Irgendetwas stimmt hier nicht.

Viele Menschen – gerade ab der Lebensmitte – kennen diesen inneren Bruch. Früher hat man den Nachrichten geglaubt, den Lehrern, den Politikern, den Ärzten. Nicht blind, aber mit einem gewissen Grundvertrauen. Doch dieses Vertrauen ist bei vielen brüchig geworden – nicht durch einen einzigen Skandal, sondern durch eine Vielzahl an kleinen, widersprüchlichen Erfahrungen.

Was tun, wenn man das Gefühl hat:

„Ich weiß gar nicht mehr, wem ich glauben kann"?

Vertrauen ist nicht naiv – es ist differenziert

Zunächst ist wichtig zu verstehen: Vertrauen bedeutet nicht, alles zu glauben.

Echtes Vertrauen wächst nicht aus Naivität, sondern aus Erfahrung, Beobachtung und innerer Klarheit. Es entsteht dort, wo Worte und Taten übereinstimmen. Wo jemand transparent macht, warum er etwas sagt. Wo keine Angst vor Widerspruch herrscht.

Misstrauen ist kein Zeichen von Schwäche – sondern oft ein Ausdruck von geistiger Gesundheit. Wer in einer undurchsichtigen Welt Fragen stellt, zeigt, dass er wach ist. Problematisch wird es nur dann, wenn aus Misstrauen Dauerverdacht wird – und daraus letztlich Isolation.

„Zweifle an allem – aber versuche, etwas zu finden, woran Du glauben kannst."

– Konfuzianische Haltung, modern gelesen

Glaubwürdigkeit beginnt im Kleinen

Viele Menschen suchen heute wieder Glaubwürdigkeit im Alltag. Nicht in Fernsehdebatten oder Leitartikeln, sondern in Begegnungen, die stimmig sind. Ein Gespräch mit einem Freund. Eine klare Aussage eines Handwerkers. Ein Podcast, der nicht glatt, aber ehrlich wirkt. Eine Autorin, die nicht belehrt, sondern teilt, was sie selbst erlebt hat.

In diesem Umfeld beginnt ein neues Verständnis von Vertrauen: nicht mehr hierarchisch, sondern auf Augenhöhe. Nicht von oben nach unten, sondern horizontal – durch Resonanz. Man merkt, wenn etwas „echt" ist. Und genau danach sehnen sich viele: nach echter Substanz, nach Menschen, die sagen, was sie denken – und das auch begründen können.

KI, Medien, Experten – was ist noch belastbar?

Ein besonderes Thema ist das Vertrauen in Systeme und Technologien: KI, Medien, Wissenschaft, Politik. Viele waren jahrelang überzeugt: „Die werden schon wissen, was richtig ist." Doch spätestens seit globalen Krisen, widersprüchlichen Maßnahmen, plötzlichen Kehrtwenden und offenkundiger Manipulation stellen viele diese Überzeugung infrage.

Die Lösung liegt nicht darin, alles zu verteufeln. Auch nicht darin, alles zu glauben. Sondern darin, eine eigene Prüfinstanz zu entwickeln. Wer lernt, Informationen zu gewichten, Quellen zu vergleichen, Argumentationsmuster zu erkennen – der wird nicht zum Zyniker, sondern zum freien Geist.

KI kann dabei übrigens ein sehr guter Sparringspartner sein. Sie urteilt nicht, sie sortiert, sie hilft beim Strukturieren von Argumenten. Sie bietet die Chance, Dinge von mehreren Seiten zu betrachten – wenn man sie richtig einsetzt. Auch hier gilt: Vertrauen entsteht durch Umgang, nicht durch Versprechen.

Der Weg zurück ins gesunde Vertrauen

Vertrauen lässt sich nicht auf Knopfdruck erzeugen. Aber es lässt sich wiederaufbauen – auf eigene Weise, mit eigenen Maßstäben.

Ein paar Wegweiser:

- *Wem oder was höre ich zu, weil es ruhig, klar und nachvollziehbar ist – nicht, weil es laut oder „offiziell" ist?*
- *Wo habe ich in letzter Zeit ein gutes Gefühl gehabt, ohne es gleich beweisen zu können?*
- *Welche Stimmen oder Quellen haben sich über die Jahre als konstant, menschlich und unabhängig erwiesen?*
- *Und nicht zuletzt: Was sagt meine innere Stimme – wenn ich den Lärm außen leiser drehe?*

Vertrauen als leiser Luxus

In einer Welt voller Reizüberflutung und Informationsrauschen wird echtes Vertrauen zu etwas Kostbarem. Es ist kein Besitz, den man irgendwo „hat" – sondern ein feines Gewebe, das sich im Kontakt mit Menschen, Gedanken und innerer Wahrhaftigkeit immer wieder neu spinnt.

Wenn dieses Kapitel eines zeigen will, dann dies:

Es ist in Ordnung, skeptisch zu sein. Es ist sogar notwendig. Aber genau diese Skepsis darf Ausgangspunkt für eine neue Form von Vertrauen sein – eine, die nicht blind macht, sondern klar.

Und vielleicht ist das die ehrlichste Antwort auf die Frage: Wem kann ich noch glauben?

– Zuerst mir selbst.

Und dann jenen, die mein inneres Gespür nicht verraten.

Woran erkennt man heute glaubwürdige Quellen und Stimmen?

In einer Zeit, in der Informationen jederzeit verfügbar sind – aber kaum mehr überprüfbar wirken – stellt sich die Frage: Woran erkenne ich, ob jemand wirklich glaubwürdig ist? Nicht im Sinne von „richtig oder falsch", sondern im tieferen Sinn: Ist das, was ich höre, getragen von innerer Klarheit, Integrität und echter Erfahrung?

Im folgenden einige Kriterien, die sich im Alltag als Wegweiser bewährt haben – besonders für Menschen, die wieder lernen wollen, ihrer eigenen Wahrnehmung zu vertrauen:

1. Kohärenz von Worten und Taten

Glaubwürdige Menschen reden nicht nur – sie leben, was sie sagen. Sie passen ihr Verhalten nicht ständig der Stimmungslage oder dem Publikum an. Stattdessen zeigen sie über längere Zeit eine innere Linie – auch wenn sie ihre Meinung differenzieren oder entwickeln.

Frage: Hat sich diese Person schon einmal klar gegen den eigenen Vorteil gestellt, weil es ihrer Haltung entsprach?

2. Unabhängigkeit von Gruppeninteressen

Vertrauenswürdige Stimmen sind nicht vollständig eingebettet in wirtschaftliche, politische oder ideologische Strukturen. Sie lassen sich nicht instrumentalisieren – und benennen das auch offen.

Frage: Ist diese Stimme frei genug, um auch unbequeme Wahrheiten zu sagen?

3. Transparenz über Unsicherheiten und Grenzen

Wer sich seiner Sache zu 100 % sicher ist, ist oft nicht ehrlich. Glaubwürdige Menschen zeigen auch ihre Zweifel. Sie benennen, was sie nicht wissen. Sie sagen „ich weiß es nicht" – und gerade dadurch wird ihnen eher geglaubt.

Frage: Kann diese Quelle auch sagen, wo sie sich irrt oder sich einmal geirrt hat?

4. Langfristige Beobachtung statt kurzfristiger Emotionalität

Vertrauenswürdige Stimmen überreizen nicht. Sie warnen, wo nötig – aber sie arbeiten nicht mit Dauerpanik. Sie helfen beim Einordnen, nicht beim Aufpeitschen.

Frage: Wird hier erklärt – oder aufgeputscht? Führt mich diese Stimme zu mehr Klarheit oder zu mehr Erregung?

5. Resonanz mit dem eigenen Bauchgefühl

Manchmal spürt man es einfach: Hier stimmt etwas. Oder eben nicht. Dieses Gefühl ist kein „Beweis" – aber ein wichtiger Hinweis. Es lohnt sich, darauf zu achten. Gerade Menschen mit Lebenserfahrung haben einen feinen inneren Kompass – man muss ihn nur wieder zulassen.

Frage: Fühle ich mich nach dem Lesen/Hören innerlich aufgeräumter – oder leerer, unklarer, verunsicherter?

Fazit: Kein Perfektionismus – aber Wachsamkeit

Es geht nicht darum, die perfekte Quelle zu finden. Sondern darum, sich Schritt für Schritt wieder ein inneres Prüfsystem aufzubauen. Ein eigenes Wertesystem, das durch Leben, Denken und Beobachtung gereift ist.

Wer so auswählt, braucht keine „Wahrheit von außen" – er kann sich aus vielen Stimmen das heraussuchen, was für ihn stimmig und weiterführend ist. Und genau darin liegt eine neue, stille Form von Souveränität.

Schon gewusst?

Manche Verbindungen werden wertvoller, wenn man sich zwischendurch zurückzieht. Das gilt für Freundschaften, Partnerschaften und sogar berufliche Kontakte. Wer Raum lässt, lässt Entwicklung zu – und gibt auch dem anderen die Chance, wieder von selbst auf einen zuzukommen.

13.2 – Neue Formen von Verbindung: Klarheit statt Nähe

Wenn Nähe nicht mehr trägt: Viele Menschen wünschen sich Nähe – verständlich, gerade in herausfordernden Zeiten. Doch was als Nähe empfunden wird, ist oft nur Gewohnheit, emotionale Abhängigkeit oder ein „gemeinsames Schweigen" über Dinge, die eigentlich besprochen werden müssten.

Nähe ist nicht immer etwas Gutes. Sie kann trügen. Sie kann täuschen. Sie kann vereinnahmen. Und sie kann dazu führen, dass man sich selbst verliert, nur um Teil einer Verbindung zu bleiben.

Wer das einmal erlebt hat – sei es in Beziehungen, im Beruf, im Freundeskreis oder sogar in der eigenen Familie –, der spürt irgendwann: Ich will nicht länger Nähe um jeden Preis. Ich will Echtheit. Klarheit. Resonanz.

Was echte Verbindung heute ausmacht

In einer Welt voller Rollen, Filter und Erwartungen wird authentische Verbindung zu einem leisen Luxus. Sie entsteht nicht durch Nähe an sich, sondern durch das, was zwischen zwei Menschen fließt, wenn keiner etwas spielt. Wenn nichts mehr bewiesen werden muss. Wenn man einander lässt – und trotzdem meint.

Klarheit bedeutet:

- Ich bin da, aber ich mache mich nicht klein.
- Ich höre zu, aber ich verbiege mich nicht.
- Ich teile mich mit, aber ich warte nicht auf Zustimmung.

Das ist kein Rückzug, sondern eine ehrliche Form der Verbindung – frei von Manipulation, Angst oder Anpassungsdruck.

Nähe kann wärmen – oder erdrücken

Wer Nähe mit echter Verbindung verwechselt, bleibt oft in alten Mustern hängen. Manchmal sucht man Nähe, um sich nicht mit sich selbst beschäftigen zu müssen. Manchmal hält man an Menschen fest, die einem gar nicht guttun – aus Loyalität, Gewohnheit oder Angst vor Einsamkeit.

Doch echte Verbindung braucht keine ständige Präsenz. Man kann jemandem verbunden sein, den man selten sieht – und sich fremd fühlen in einem täglichen Miteinander.

„Nähe ist kein Maßstab – Tiefe ist einer."

Diese Erkenntnis kommt oft schmerzhaft – aber sie befreit.

Klarheit als neue Form von Beziehung

Was viele Menschen in der Lebensmitte entdecken, ist der Wert von Klarheit in Beziehungen. Es geht nicht mehr darum, „gemocht zu werden", sondern darum, gesehen zu werden, wie man wirklich ist. Es geht nicht um Harmonie, sondern um Wahrhaftigkeit. Und oft entsteht gerade dann Nähe – eine neue, stille, respektvolle Nähe –, wenn Klarheit den Raum schafft.

Diese Klarheit beginnt bei einem selbst:

*   Was bin ich bereit zu geben – ohne mich zu verlieren?
*   Was erwarte ich wirklich – nicht in der Theorie, sondern im gelebten Alltag?
*   Wo sage ich Ja, obwohl ich Nein meine?

Diese Fragen sind unbequem, aber heilsam. Und oft der erste Schritt, um Verbindungen neu zu gestalten – oder loszulassen, was nicht mehr trägt.

Verbindungen, die wachsen dürfen

Klarheit heißt nicht Kälte. Im Gegenteil: Wer aus Klarheit heraus handelt, kann liebevoller sein als jemand, der aus Bedürftigkeit heraus Nähe sucht. Beziehungen, die auf Klarheit gründen, wachsen langsam, aber stabil. Sie brauchen keine ständige Bestätigung, keine Kontrolle, keine Fassade.

Solche Verbindungen entstehen oft später im Leben, weil erst dann die Kraft da ist, sich nicht mehr zu verstellen. Sie sind selten laut, aber sie sind stark. Und sie halten auch dann, wenn der Wind sich dreht.

Fazit: Klarheit schafft Raum für echte Nähe

Es geht nicht darum, Nähe zu meiden. Aber es geht darum, sie nicht mehr zu verwechseln mit Verbindung. Verbindung entsteht aus Wahrheit. Nähe kann entstehen – oder auch nicht. Aber wenn sie entsteht, auf der Grundlage von Klarheit, dann ist sie tragfähig. Dann wärmt sie, ohne zu klammern. Dann stärkt sie, ohne zu verschlingen.

Und vielleicht ist genau das eine der wichtigsten Formen von Selbstfürsorge:

sich nicht mehr dort zu binden, wo man sich innerlich verliert.

Sondern still den Raum zu halten – bis sich eine Verbindung zeigt, die dem eigenen Wesen wirklich entspricht.

Raum für echte Nähe
Verbindungen, die
wachsen dürfen

13.3 – Gesunde Abgrenzung und soziale Intelligenz

Wenn das Außen zu laut wird: Inmitten einer Welt, die laut, fordernd und oft widersprüchlich ist, geraten viele Menschen irgendwann an einen Punkt der Erschöpfung. Nicht, weil sie schwach wären – sondern weil sie zu lange alles mitgetragen haben. Erwartungen, Sorgen anderer, unausgesprochene Konflikte, soziale Rollen, die längst nicht mehr passen.

Und oft merken sie: Ich brauche nicht mehr Nähe, sondern mehr Klarheit darüber, wo ich beginne – und wo ich aufhöre. Das ist keine Flucht. Es ist eine Form der Reifung.

Abgrenzung ist kein Rückzug, sondern Verantwortung

Gesunde Abgrenzung wird oft missverstanden. Sie klingt für manche wie Egoismus, Kälte oder Rückzug. Doch in Wahrheit ist sie etwas ganz anderes: ein Ausdruck innerer Verantwortung.

Wer sich klar abgrenzt, schützt nicht nur sich selbst – sondern auch andere davor, in Rollen gedrängt zu werden, die nicht mehr passen.

Abgrenzung heißt:

- *Ich weiß, was meines ist – und was nicht.*
- *Ich erkenne, wo ich helfen kann – und wo ich mich überfordere.*
- *Ich darf Nein sagen – ohne mich erklären zu müssen.*

Und vor allem: Ich bin mir selbst so viel wert, dass ich mich nicht mehr gegen mein inneres Gefühl stelle, nur um anderen zu gefallen.

Soziale Intelligenz: die leise Kunst der Verbindung

Soziale Intelligenz ist kein „Verhaltenstrick". Es ist die Fähigkeit, sich in einem Raum mit anderen zu bewegen, ohne sich selbst zu verlieren. Wer sozial intelligent ist, spürt Stimmungen, ohne ihnen ausgeliefert zu sein. Er kann zuhören, ohne sich zu verstricken. Er erkennt, wann ein Gespräch tiefer führt – und wann es nur Zeit raubt.

Das ist keine Gabe, sondern etwas, das mit der Zeit wächst. Besonders dann, wenn man in der Vergangenheit schmerzhaft erlebt hat, wie es sich anfühlt, sich selbst zu vergessen. Wer diesen Weg gegangen ist, entwickelt mit der Zeit eine stille Form von Souveränität: freundlich, aber klar. Nahbar, aber nicht verfügbar für alles und jeden.

„Wer sich selbst kennt, muss nicht ständig reagieren."

– frei nach Laozi

Abgrenzung im Alltag: kleine Signale mit großer Wirkung

Gesunde Abgrenzung zeigt sich nicht in großen Gesten, sondern in kleinen, konsequenten Entscheidungen:

- Das Telefon auch mal klingeln lassen.
- Auf Nachrichten nicht sofort reagieren.
- Ein Gespräch beenden, wenn es ins Unklare kippt.
- Sich nicht in Diskussionen ziehen lassen, die mehr Energie kosten als sie bringen.
- Die eigenen Bedürfnisse klar benennen – ruhig, aber bestimmt.

Solche Signale wirken. Nicht laut, aber deutlich. Und sie verändern etwas: Die Umgebung merkt, dass da jemand bei sich ist. Und das ist oft ansteckender als jede Rechtfertigung.

Grenzen setzen, ohne Mauern zu bauen

Es ist eine Kunst, Grenzen zu setzen, ohne Mauern zu errichten.
Der Unterschied liegt im Ton, in der Haltung, im Blick. Wer klar abgrenzt, aber innerlich offen bleibt, sendet ein starkes Signal: Ich weiß, was ich will – und ich habe nichts gegen Dich. Ich diene nicht mehr jedem System, aber ich bin offen für echte Verbindung.

Gerade Menschen mit Lebenserfahrung entdecken diese Haltung oft spät – aber mit umso größerer Wirkung. Denn sie erkennen: Frieden im Außen beginnt mit Klarheit im Inneren.

Der stille Lohn: ein Leben mit mehr Weite

Wer sich selbst gut kennt, kann besser mit anderen sein. Wer sich abgrenzt, kann sich ehrlicher begegnen. Wer sozial intelligent handelt, baut keine Illusionen auf – sondern Verbindung, die trägt.

Und vielleicht ist das die leise Essenz dieses Kapitels:

Gesunde Abgrenzung befreit. Soziale Intelligenz verbindet.

Beides gemeinsam führt nicht in die Einsamkeit – sondern in eine neue Form von innerer Weite, in der Begegnung wieder möglich wird. Ohne Maske. Ohne Machtspiel. Ohne Angst.

Was bleibt – und was trägt?

Die drei Kapitel in diesem Abschnitt haben einen inneren Faden:

Es geht um ein neues, reiferes Verständnis von Verbindung. Nicht mehr um Anpassung, nicht mehr um Abhängigkeit, nicht mehr um Nähe um jeden Preis. Sondern um die Kraft von Klarheit, um gesunde Distanz und um das stille Wiederfinden der eigenen Mitte – auch inmitten sozialer Beziehungen.

Im folgenden einige Fragen zur Vertiefung, die Dir helfen können, die Gedanken in Deinen Alltag mitzunehmen:

WEM KANN ICH GLAUBEN?

- Gibt es Stimmen oder Quellen, denen ich aus Gewohnheit folge – aber eigentlich nicht mehr vertraue?
- Wann habe ich zuletzt bewusst „Ich weiß es nicht" gesagt – und wie hat sich das angefühlt?
- Was bedeutet Vertrauen für mich heute – im Unterschied zu früher?

KLARHEIT STATT NÄHE

- In welchen Beziehungen spüre ich echte Resonanz – auch ohne tägliche Nähe?
- Wo fühle ich mich „gehalten" – ohne dass ich mich anpassen muss?
- Welche Begegnung der letzten Zeit war still, aber wahrhaftig?

GESUNDE ABGRENZUNG

- Wo sage ich „Ja", obwohl mein Inneres „Nein" spürt?
- Welche kleinen Rituale helfen mir, bei mir selbst zu bleiben?
- In welchen Situationen reagiere ich noch automatisch – und was bräuchte ich stattdessen?

Drei kleine Gedanken zum Mitnehmen

- Klarheit ist eine stille Form der Selbstliebe.
- Abgrenzung schützt nicht nur Dich, sondern auch das, was zwischen zwei Menschen wachsen könnte.
- Verbindung entsteht, wenn zwei Menschen sich selbst genug sind – und sich trotzdem begegnen.

Diese Seite darf gern öfter gelesen werden. Vielleicht verändert sich Deine Antwort mit der Zeit. Vielleicht wird eine Frage plötzlich dringlich, die vorher still blieb. Das ist gut so – denn Klarheit wächst leise.

Wenn Du bereit bist, wartet nun Teil IV – Perspektiven: ein Abschnitt, der nicht nur auf Krisen zurückblickt, sondern den Blick nach vorn richtet.

Mit Zuversicht, Tiefe und konkreten Wegen.

TEIL IV - WACHSEN

Vom Überleben zum Gestalten - Krisen als Wendepunkt

14. Wenn etwas Altes geht – Raum für Neues
- Die Kraft des bewussten Loslassens
- Abschiedskultur statt Verdrängung
- Leere aushalten – und nutzen

15. Langfristig denken, einfach handeln
- Vom Reagieren zum Agieren
- Rituale, Systeme, Visionen
- Den Dingen Zeit geben

16. Der neue Mensch in Dir
- Du bist nicht mehr der, der Du warst
- Vom Selbstzweifel zur Selbstachtung
- Klarheit als Lebensstil

Kapitel 14 – Wenn etwas Altes geht – Raum für Neues

Veränderung beginnt oft nicht mit einem Entschluss, sondern mit einem Gefühl: Etwas passt nicht mehr. Es kann ein leises Unbehagen sein, eine innere Müdigkeit oder die Erkenntnis, dass etwas zu Ende gegangen ist – ohne dass es jemand klar ausgesprochen hat.

Diese Zwischenzeiten sind selten bequem, aber sie sind wichtig. Sie markieren nicht den Zusammenbruch, sondern den Übergang. Nicht das Versagen, sondern den Wendepunkt. Und sie verlangen nicht sofort nach Antworten – sondern nach einem ersten, ehrlichen Blick auf das, was war, und auf das, was werden darf.

Kapitel 14.1 – Die Kraft des bewussten Loslassens: Wer loslässt, macht sich nicht kleiner – er macht Platz. In diesem Kapitel geht es darum, wie Loslassen gelingt, ohne zu verdrängen. Wie man alten Dingen Achtung zollt, aber sie trotzdem gehen lässt. Und warum genau darin oft die größte Kraft verborgen liegt.

Kapitel 14.2 – Abschiedskultur statt Verdrängung: Unsere Gesellschaft kennt viele Rituale des Anfangs – aber kaum welche für das Ende. Dieses Kapitel zeigt, warum es heilsam ist, bewusst Abschied zu nehmen. Nicht nur von Menschen, sondern auch von Lebensphasen, Rollen und inneren Bildern. Verdrängung bindet – Abschied befreit.

Kapitel 14.3 – Leere aushalten – und nutzen: Nach dem Loslassen entsteht oft eine Leere. Viele versuchen, sie sofort zu füllen. Doch wer ihr Raum gibt, erkennt: Diese Leere ist nicht leer – sie ist ein Ort der Reifung. Dieses Kapitel lädt dazu ein, nicht davonzulaufen, sondern zu bleiben – bis die ersten Impulse aus der Stille auftauchen.

Kapitel 14.4 – Wenn neue Wege sich zeigen: Veränderung lässt sich nicht erzwingen. Sie zeigt sich – still, leise, manchmal unerwartet. Dieses Kapitel macht Mut, die Zeichen zu erkennen. Es zeigt, wie aus einer vagen Ahnung ein klarer Pfad werden kann. Und warum neue Wege selten bequem sind – aber fast immer stimmig.

Wer diesen Abschnitt mit wachem Herzen liest, wird vielleicht spüren: Es geht nicht um Methoden. Es geht um Haltung. Nicht darum, das Leben neu zu „gestalten" – sondern dem Neuen Platz zu machen, wenn das Alte gegangen ist.

14.1 – Die Kraft des bewussten Loslassens

Es gibt Dinge, die lange zu uns gehörten: Menschen, Gedanken, Gewohnheiten, Bilder von uns selbst. Manche davon haben uns getragen, andere nur begleitet – wieder andere haben uns geformt, aber im Innersten nie wirklich genährt.

Doch egal, wie sehr sie zu unserem Leben gehörten – es kommt der Moment, in dem man spürt: Etwas stimmt nicht mehr. Nicht, weil es falsch war, sondern weil es nicht mehr passt. Und genau dann beginnt ein innerer Prozess, den man nicht unterschätzen darf: Das bewusste Loslassen.

Viele Menschen tun sich schwer damit. Nicht, weil sie schwach sind – sondern weil wir in einer Welt leben, die das Loslassen oft mit Scheitern gleichsetzt. Dabei ist es in Wahrheit das Gegenteil: Loslassen ist ein Akt der Reife. Ein stiller Ausdruck von Vertrauen – ins Leben, in sich selbst, in das, was kommen darf.

Loslassen heißt nicht „wegwerfen"

Ein häufiger Irrtum: Wer loslässt, schneidet sich ab. Doch echtes Loslassen ist kein Schnitt, sondern ein Übergang. Es bedeutet, etwas zu würdigen – und es trotzdem gehen zu lassen.

Du kannst eine Erinnerung behalten und dennoch aufhören, daran festzuhalten. Du kannst dankbar für eine Beziehung sein, obwohl sie nicht mehr in Dein heutiges Leben passt. Du darfst sogar einen Teil Deiner Identität loslassen, ohne Deine Geschichte zu verleugnen.

„Alles, was Du festhältst, hält Dich ebenfalls fest."

– (unbekannt)

Loslassen beginnt oft im Kleinen: ein Regal leer machen. Eine Telefonnummer löschen. Eine Verpflichtung nicht mehr aufrechterhalten. Es wirkt unscheinbar – aber innerlich beginnt sich etwas zu verschieben. Raum entsteht.

Was bleibt, wenn etwas geht?

Diese Frage ist nicht leicht – aber wichtig. Denn Loslassen bringt nicht nur Leere, sondern auch Klarheit.

Wer etwas bewusst gehen lässt, erkennt oft:

* Was war wirklich wichtig – und was nur Gewohnheit?
* Was hat mich geprägt – aber nicht mehr weitergebracht?
* Welche inneren Beweggründe haben mich gehalten – und welche haben mich längst verlassen?

Oft merkt man erst nach dem Loslassen, wie viel Energie etwas gebunden hat. Und wie still es auf einmal wird, wenn dieser Knoten sich löst.

Der Mut zur Lücke

Wer loslässt, öffnet sich einer Unsicherheit: dem Noch-Nicht. Es ist verlockend, sofort etwas Neues zu suchen, etwas „Besseres", das die entstandene Lücke füllt. Doch gerade darin liegt die Gefahr, alte Muster einfach neu zu verkleiden.

Der Mut liegt nicht im schnellen Ersatz – sondern im Aushalten der Lücke. In der Bereitschaft, eine Zeitlang nicht zu wissen, was kommt. Das fühlt sich für viele Menschen in der Lebensmitte fremd an – schließlich ist man es gewohnt, zu funktionieren, zu planen, zu kontrollieren.

Doch wer diese Phase bewusst durchlebt, erlebt oft etwas Unerwartetes: eine neue Form von innerer Ruhe. Nicht sofort. Aber mit der Zeit.

Rituale des inneren Abschieds

Manchmal hilft es, das Loslassen bewusst zu gestalten. Ein Brief, den man nicht abschickt. Ein Spaziergang an einem symbolischen Ort. Eine Kiste, in der man Dinge verstaut, die nicht mehr zu einem gehören. Ein stiller Satz wie:

„Danke – und jetzt darfst Du gehen."

Solche Rituale sind keine Esoterik. Sie sind innere Handlungen, die den Übergang greifbar machen. Und oft braucht es genau das, damit der Verstand akzeptiert, was das Herz schon weiß.

Loslassen als Akt von Selbstachtung

Am Ende geht es nicht nur darum, Dinge loszuwerden. Sondern darum, sich selbst wieder Raum zu geben. Wer bewusst loslässt, sagt: Ich bin nicht mehr die Person, die das braucht. Ich bin bereit, mich weiterzuentwickeln. Und das ist kein Verlust – sondern ein Zeichen von geistiger Klarheit.

Es braucht Mut, sich dem Unbekannten zu stellen. Aber es braucht noch mehr Mut, sich einzugestehen: Das war einmal richtig – aber es ist nicht mehr jetzt. Loslassen ist keine Flucht. Es ist eine Wahl. Und vielleicht ist genau darin die größte Kraft verborgen:

Nicht, dass man etwas verliert – sondern dass man sich selbst zurückgewinnt.

Schon gewusst?

Verletzlichkeit macht stark – wenn sie mit Klarheit verbunden ist. Psychologische Studien zeigen: Wer offen zu eigenen Schwächen steht, wird nicht schwächer eingeschätzt – sondern oft als besonders integer und reif wahrgenommen.

14.2 – Abschiedskultur statt Verdrängung

Abschied ist eines der menschlichsten Themen überhaupt – und doch eines der verdrängtesten. Wir verabschieden uns von Orten, von Menschen, von Lebensphasen, von Gewohnheiten und manchmal auch von Träumen. Und doch gibt es in unserer Gesellschaft kaum echte Rituale, um diese Übergänge zu würdigen.

Stattdessen: Weitermachen. Nicht zu lange nachdenken. Einfach „das Beste draus machen". Doch unter der Oberfläche bleiben oft ungelöste Fäden – offene Enden, verdrängte Gefühle, verschobene Trauer. Wer nie richtig Abschied nimmt, schleppt das Alte unverarbeitet ins Neue. Und wundert sich, warum er sich dort nicht frei fühlt.

Verdrängung als kulturelle Gewohnheit

Unsere moderne Gesellschaft ist auf Funktionalität ausgerichtet. Sie hat wenig Geduld für Zwischenzeiten. Lebensläufe sollen „lückenlos" sein, Trennungen sauber, Veränderungen möglichst reibungslos. Doch das Leben spielt sich nicht in Tabellen ab. Es ist nicht linear, sondern zyklisch – mit Phasen des Loslassens, des Wartens, des Suchens.

Verdrängung entsteht nicht nur aus Bequemlichkeit, sondern auch aus Überforderung. Viele Menschen haben schlicht nicht gelernt, wie man einen würdigen Abschied gestaltet. Und so kommt es, dass selbst einschneidende Übergänge – wie das Ende einer Beziehung, der Abschied vom Elternhaus oder der Rückzug aus einem Lebensprojekt – unbemerkt durchrutschen.

Aber: Was nicht bewusst verabschiedet wird, bleibt innerlich offen. Es wirkt nach. Es bindet Energie.

Abschied bedeutet nicht Schwäche – sondern Bewusstsein

Eine gesunde Abschiedskultur ist kein sentimentales Beiwerk. Sie ist eine Kraftquelle. Denn sie erlaubt uns, das zu ehren, was war – und trotzdem weiterzugehen.

Dazu gehört:

- Dinge zu benennen, statt sie totzuschweigen.
- Gefühle zuzulassen, ohne in ihnen stecken zu bleiben.
- Dankbarkeit zu empfinden, auch wenn Schmerz da ist.
- Sich selbst zu erlauben, nicht sofort wieder zu „funktionieren".

„Nur wer sich verabschieden kann, kann wirklich neu beginnen."

– (frei nach Hermann Hesse)

Wie Abschied konkret gestaltet werden kann

Man muss nicht in großen Gesten denken. Abschied kann leise sein, persönlich, schlicht. Aber er sollte bewusst sein.

Ein paar Beispiele:

- Ein Brief an einen Menschen, den man loslässt – nicht zum Abschicken, sondern zur inneren Klärung.
- Ein letzter Besuch an einem Ort, der lange eine Rolle gespielt hat.
- Ein bewusster Rückblick: Was habe ich gelernt? Was nehme ich mit? Was lasse ich zurück?
- Ein Gespräch mit sich selbst: Bin ich bereit, das gehen zu lassen – nicht nur äußerlich, sondern auch innerlich?

Solche Rituale wirken wie ein innerer Anker. Sie strukturieren die Emotion. Und sie geben dem Verlorenen einen Platz – nicht im Alltag, sondern im Herzen.

Der stille Gewinn: seelische Aufgeräumtheit

Wer Abschied nicht verdrängt, sondern gestaltet, erfährt etwas Überraschendes: innere Ordnung.

Etwas sortiert sich. Der Blick wird freier. Man trägt nicht mehr alles mit sich herum – sondern erkennt: Ich darf weitergehen. Abschied ist kein Loch, sondern eine Schwelle. Und wer sie mit Achtsamkeit überschreitet, kommt oft gestärkter auf der anderen Seite an – mit weniger Ballast, aber mehr Tiefe.

Manche Menschen entdecken in solchen Momenten eine neue Form der Würde: eine Haltung, die sagt: Ich ehre das, was war. Und ich nehme mich selbst ernst genug, es bewusst zu beenden.

Abschied ist kein Ende – sondern Teil des Weges

Jede Reise hat Etappen. Und jede Etappe hat ihren eigenen Abschluss. Wer das akzeptiert, lebt nicht leichter – aber echter.

Abschiedskultur bedeutet nicht, dass man alles „richtig" macht. Sondern, dass man nicht achtlos weiterhetzt. Dass man innehält. Und dass man den Dingen – und Menschen – ihren Platz lässt.

Verdrängung schafft Spannungen. Abschied schafft Raum.

14.3 – Leere aushalten – und nutzen

Nach dem Loslassen kommt nicht sofort das Neue. Oft kommt erstmal: nichts. Kein Plan. Kein Impuls. Kein Gefühl von Richtung. Nur ein Raum, der vorher gefüllt war – und jetzt leer ist.

Für viele Menschen ist diese Phase schwer auszuhalten. Sie fühlt sich sinnlos an, unproduktiv, unheimlich vielleicht sogar. Denn wir sind es gewohnt, ständig etwas zu „tun", etwas zu planen, zu optimieren, zu füllen. Leere wirkt in dieser Logik wie ein Defekt. Doch das ist ein Irrtum. Eine gefährliche Verwechslung.

Leere ist kein Mangel. Sie ist ein Raum. Und dieser Raum trägt in sich eine besondere Kraft – wenn man bereit ist, ihm zu begegnen.

Warum Leere so heilsam – und so gefürchtet – ist

Innere Leere konfrontiert uns mit etwas, dem wir oft ausweichen: uns selbst. Ohne Ablenkung. Ohne Rollen. Ohne die Geschichten, die wir anderen (und uns selbst) erzählen. In dieser Leere zeigen sich Fragen, die im Lärm des Alltags oft untergehen:

- *Was bleibt, wenn ich nichts mehr leisten muss?*
- *Wer bin ich, wenn ich niemandem gefallen will?*
- *Was in mir ruft – nicht nach Aufmerksamkeit, sondern nach Wahrheit?*

Diese Fragen tun nicht weh, weil sie falsch sind – sondern weil sie ehrlich sind. Deshalb versuchen viele, diese Leere zu vermeiden: durch Aktionismus, durch Ablenkung, durch Ersatzhandlungen. Doch genau dann bleibt das Alte oft unverändert unter dem Neuen liegen – wie eine nicht verheilte Wunde unter frischer Kleidung.

Die Kunst des Aushaltens

Leere auszuhalten heißt nicht: sich zurückziehen und leiden. Es heißt: anwesend bleiben, auch wenn nichts geschieht.

Es ist wie ein Garten im Winter: Auf den ersten Blick ruht alles. Doch unter der Oberfläche bereitet sich das Leben vor.

Ein paar Wege, die Leere bewusst zu erleben – ohne sie gleich füllen zu müssen:

- Spaziergänge ohne Ziel, nur mit dem eigenen Atem.
- Schreiben – nicht für ein Ergebnis, sondern zum Sortieren.
- Ein Stuhl am Fenster. Ohne Buch, ohne Bildschirm. Einfach Sitzen.
- Gespräche, die nicht Lösungen suchen, sondern Raum halten.

Leere braucht nicht Erklärung, sondern Geduld. Und oft entsteht aus dieser Geduld ein erster, leiser Impuls – nicht laut, aber klar.

„Die Stille ist nicht leer – sie ist voller Antworten."

– (unbekannt)

Wann aus Leere Klarheit wird

Jeder Mensch erlebt diesen Moment anders: den Punkt, an dem die Leere nicht mehr bedrohlich, sondern kostbar wird. Plötzlich ist da ein Gedanke, der sich anders anfühlt. Kein „Müssen", kein „Sollen", sondern ein echtes „Vielleicht".

Eine Idee. Eine Erinnerung. Ein innerer Ruf.

Und dieser Ruf kommt nicht aus dem Außen – sondern aus der Tiefe. Er ist nicht laut. Er ist nicht dringlich. Aber er ist echt. Er entsteht nicht trotz der Leere, sondern durch sie hindurch. Und oft ist das der Moment, in dem Neues wachsen kann – nicht aus Angst, nicht aus Eile, sondern aus einem ehrlichen inneren Ort.

Leere als stiller Übergangsraum

In vielen alten Kulturen gibt es das Bild des Zwischenraums: ein Ort zwischen Alt und Neu, zwischen Tod und Geburt, zwischen Entscheidung und Handlung. Dieser Raum wird nicht gefürchtet – er wird geachtet.

Denn er ist der Ort, an dem das Ungeformte sich vorbereitet. Wo die Seele nachkommt. Wo man nicht weiß, wohin – aber weiß, dass das Alte nicht mehr zurückkehrt.

Wer diesen Raum nicht überspringt, sondern bewusst betritt, gewinnt etwas Seltenes: eine neue Form von Souveränität.

Nicht alles planen zu müssen. Nicht sofort antworten zu müssen. Sondern still bei sich zu bleiben – bis das Leben wieder spricht.

Leere nicht bekämpfen – sondern bewohnen

Vielleicht ist das die wichtigste Einladung dieses Kapitels:

Mach die Leere nicht zum Feind.

Sie ist kein Rückschritt. Sie ist kein Zeichen von „nicht genug". Sie ist ein Raum, den Du neu betreten darfst – ohne Eile, ohne Ziel, ohne Maske. Und vielleicht ist sie genau das: der erste ehrliche Raum, den Du seit Langem ganz für Dich hast.

In dieser Leere kann Neues entstehen. Nicht sofort. Aber echt.

Und aus Dir heraus.

14.4 – Wenn neue Wege sich zeigen

Nach der Leere beginnt meist eine stille Bewegung. Nicht laut. Nicht geplant. Sie kündigt sich selten mit einem klaren „Jetzt geht es los!" an. Vielmehr ist es ein Gefühl, eine Ahnung, eine innere Bewegung, die sagt:

„Hier ist etwas – schau hin."

Die neuen Wege im Leben tauchen nicht auf Kommando auf. Sie zeigen sich. Und nur wer innerlich frei ist – frei vom Alten, frei vom inneren Lärm, frei von Erwartung – kann sie auch erkennen.

Viele Menschen übersehen diese Wege, weil sie nach etwas Großem suchen. Nach einem Durchbruch, einem Zeichen, einem Plan. Doch neue Wege sind oft klein, unscheinbar und leise. Ein Gespräch, das hängen bleibt. Ein Impuls, der sich nicht mehr abschütteln lässt. Eine Idee, die plötzlich wiederkehrt – zum dritten Mal.

Das Leben ruft nicht mit Lautsprechern. Es flüstert.

Neue Wege sind selten bequem

Wenn ein neuer Weg sich zeigt, ist er nicht sofort angenehm. Oft ist er sogar unbequem. Denn das Neue ist nicht vertraut. Es fordert uns. Es ist nicht abgesichert. Es liegt außerhalb der Komfortzone – aber nicht außerhalb unserer Möglichkeiten.

Neue Wege fühlen sich oft an wie „ein Schritt zu früh". Doch wer zu lange wartet, wartet sich fest. Wer hingegen einen Schritt wagt – nicht in blinder Eile, sondern mit wacher Vorsicht –, der erkennt oft: Das war kein Fehler. Das war mein nächster, stimmiger Schritt.

„Ein Weg entsteht, indem man ihn geht."
– Antonio Machado

Nicht jeder Weg muss perfekt sein – nur ehrlich

Die Idee vom perfekten Neuanfang ist eine Illusion. Neue Wege dürfen holprig sein. Unklar. Unbequem. Wichtig ist nur eins:

Sie müssen zu Dir passen.

Nicht zu Deinem Lebenslauf. Nicht zur Meinung anderer. Nicht zu dem, was „erwartet" wird. Sondern zu Deinem inneren Kompass. Ein guter Weg erkennt sich nicht daran, dass er leicht ist – sondern daran, dass Du bei Dir bleibst, während Du ihn gehst. Deshalb lohnt sich die Frage:

- *Was zieht mich – nicht aus Angst, sondern aus echtem Interesse?*
- *Was war in mir immer da, aber hat nie Platz bekommen?*
- *Was würde ich auch tun, wenn niemand zuschaut – nur für mich?*

Wenn Du darauf eine ehrliche Antwort findest, bist Du wahrscheinlich schon auf dem Weg – auch wenn Du es noch nicht weißt.

Das Neue beginnt oft ganz in der Nähe

Viele denken, das Neue müsse weit entfernt liegen: ein neuer Job, ein neuer Ort, ein radikaler Bruch.

Doch oft beginnt es ganz in der Nähe:

- Ein Gespräch, das Du anders führst.
- Eine Gewohnheit, die Du veränderst.
- Ein Projekt, das Du ernst nimmst.
- Eine Haltung, die Du neu einnimmst.

Das Neue ist oft kein Ort – sondern eine Richtung. Ein anderer Blick. Eine veränderte Energie. Und wenn man sich in diese Richtung bewegt, beginnt sich das Leben mitzubewegen.

Vertrauen in den eigenen Rhythmus

Nicht jeder muss gleichzeitig losgehen. Manche brauchen länger. Und das ist gut so. Neue Wege brauchen nicht Tempo – sondern Klarheit. Es ist kein Wettbewerb. Es ist ein innerer Vorgang. Und er folgt nicht dem Kalender, sondern dem inneren Reifeprozess.

Vertraue darauf: Wenn der Weg für Dich bereit ist, wirst Du es wissen. Und wenn Du für den Weg bereit bist, wird er sich zeigen.

Und plötzlich ist es kein „Weg" mehr – sondern Deines

Vielleicht der schönste Moment: Wenn Du eines Tages zurückblickst – auf das, was Du losgelassen hast, auf die Zeit der Leere, auf die ersten zögerlichen Schritte – und erkennst:

Ich bin auf meinem eigenen Weg. Nicht perfekt. Nicht geradlinig. Aber echt.

Und in dieser Echtheit liegt alles, was es braucht, um nicht nur anzukommen – sondern unterwegs zu Hause zu sein.

Kapitel 15 – Langfristig denken, einfach handeln

In Krisenzeiten neigen wir Menschen dazu, uns auf das Naheliegende zu konzentrieren. Auf das, was jetzt zu tun ist. Was drängt. Was laut wird. Diese Fähigkeit zur Reaktion hat uns evolutionär das Überleben gesichert. Doch sie hat einen Preis: Wer dauerhaft nur reagiert, verliert irgendwann den Kontakt zu dem, was ihn eigentlich trägt.

Langfristig denken heißt nicht, sich in Pläne zu flüchten – sondern wieder eine innere Richtung zu erkennen. Einfach handeln bedeutet nicht, weniger zu tun – sondern das Richtige. Im eigenen Maß, im eigenen Takt. Kapitel 15 lädt dazu ein, sich wieder vom Reiz zum Ziel zu bewegen. Vom inneren Druck zur äußeren Klarheit. Vom hektischen Tun zu einem stimmigen Leben mit Struktur und Sinn.

Kapitel 15.1 – Vom Reagieren zum Agieren: Viele Menschen erleben sich heute als Getriebene – in einem System, das ihnen kaum Luft zum Denken lässt. Dieses Kapitel macht Mut, den inneren Modus zu wechseln: vom Funktionieren zum Gestalten. Nicht über Nacht, aber Schritt für Schritt – durch Entscheidungen, die wieder aus Dir selbst heraus entstehen. Nicht die großen Umbrüche machen ein Leben stimmig, sondern die kleinen Handlungen, die aus innerer Überzeugung entstehen. Wer das verinnerlicht, gewinnt Handlungsfreiheit – ohne Überforderung.

Kapitel 15.2 – Rituale, Systeme, Visionen: Was trägt Dich durch den Tag? Was hilft Dir, nicht ständig alles neu entscheiden zu müssen? Und woran erinnerst Du Dich, wenn der Weg unklar wird? Dieses Kapitel beschreibt drei zentrale Elemente für langfristiges, selbstbestimmtes Handeln – ohne Selbstoptimierungsdruck, aber mit Klarheit.

Kapitel 15.3 – Den Dingen Zeit geben: Wir sind es gewohnt, schnell zu handeln, schnell zu entscheiden, schnell zu bewerten. Doch innere Entwicklung braucht andere Zeitmaßstäbe. Dieses Kapitel lädt ein, Geduld nicht als Passivität zu sehen – sondern als Form innerer Reife. Es zeigt, warum manche Dinge nur dann wirklich gut werden, wenn wir ihnen Zeit lassen.

Dieser Abschnitt richtet sich an alle, die wieder vom äußeren Takt zum eigenen Rhythmus zurückfinden wollen. Er bietet keine fertigen Lösungen – aber Impulse für einen Weg, der tragfähig ist. Nicht spektakulär. Aber echt. Nicht perfekt. Aber stimmig. Denn manchmal ist das mutigste Handeln: still zu bleiben, bis man weiß, was wirklich dran ist.

15.1 – Vom Reagieren zum Agieren

Viele Menschen erleben sich im Alltag nicht als Gestalter, sondern als Getriebene. Termine, Nachrichten, Anforderungen von außen – man hat kaum das Gefühl, selbst noch die Richtung vorzugeben. Man reagiert: auf E-Mails, auf Erwartungen, auf Entwicklungen, auf Probleme, die scheinbar plötzlich auftauchen – aber oft nur deshalb, weil sie vorher niemand klar benannt hat.

Und irgendwann fragt man sich:

Wann habe ich das letzte Mal aus mir selbst heraus entschieden – und nicht nur „funktioniert"?

Dieses Kapitel ist eine Einladung, den inneren Modus zu wechseln. Vom Reagieren zum Agieren. Vom Reflex zur bewussten Handlung. Nicht mit Druck, sondern mit Stillstand und Klarheit. Nicht mit noch mehr To-dos, sondern mit weniger – aber den richtigen.

Reaktiv leben heißt: dem Leben hinterherlaufen

Reaktives Leben ist wie Autofahren mit Blick in den Rückspiegel: Man ist immer einen Schritt zu spät. Reaktives Denken folgt äußeren Reizen – und übersieht oft die eigene Stimme. Es lebt im Takt der äußeren Welt – und verliert dabei das Gefühl für den eigenen Rhythmus.

Typisch reaktives Verhalten:

- Warten, bis es „brennt" – statt vorausschauend zu handeln.
- Erst dann handeln, wenn andere drängen.
- Entscheidungen nur treffen, wenn der Druck zu groß wird.
- Projekte aufschieben – weil man „noch keine perfekte Lösung" hat.

Das Problem: Reaktives Leben sieht von außen oft aktiv aus. Doch innerlich brennt es aus. Und langfristig kostet es Kraft, Richtung – und Selbstwert.

Agieren beginnt im Kopf – nicht im Kalender

Der Wechsel vom Reagieren zum Agieren beginnt nicht mit Zeitmanagement oder Planungstools. Er beginnt mit einer inneren Haltung:

„Ich bin nicht hier, um alles zu schaffen – sondern um bewusst zu entscheiden, was ich überhaupt will."

Agieren bedeutet nicht: mehr tun. Es bedeutet: anders denken. Bevor man losläuft, fragt man sich: Wohin will ich überhaupt? Und warum gerade jetzt? Ein Mensch, der agiert, hat nicht automatisch weniger zu tun – aber er hat mehr Einfluss auf das, was er tut. Und genau daraus entsteht das Gefühl von Freiheit.

Drei kleine Werkzeuge für den Perspektivwechsel

1. Den eigenen Takt wieder spüren

Wann hast Du zuletzt in Ruhe nachgedacht, ohne auf eine Nachricht, eine Deadline oder einen anderen Menschen zu reagieren? Ein bewusst gesetzter Tagesanfang – ohne Handy, ohne Termine – kann ein Anfang sein. Fünf Minuten Stille. Papier und Stift. Nur Du.

2. Die Macht der offenen Fragen

Agierendes Denken stellt andere Fragen als reaktives.

- Nicht: *„Wie löse ich dieses Problem schnellstmöglich?"*
- Sondern: *„Warum ist es überhaupt entstanden?"*
- Nicht: *„Was will die Welt von mir?"*
- Sondern: *„Was will ich beitragen – mit meinen Mitteln, in meinem Maß?"*

3. Kleine Schritte mit langfristiger Wirkung

Agieren heißt oft: klein anfangen, aber bewusst. Einen überfälligen Kontakt auflösen. Eine unnötige Verpflichtung absagen. Eine Idee, die schon lange da ist, testweise anstoßen. Nicht alles ändern – aber etwas Eigenes beginnen.

Vom Gegenüber zum Gestalter

Das Leben meint es nicht böse, wenn es uns prüft. Aber es lädt uns ein: Werde wieder zum Gestalter Deines Alltags. Das heißt nicht, dass man alles unter Kontrolle hat – aber dass man nicht mehr alles fremdbestimmen lässt.

Wer vom Reagieren zum Agieren wechselt, erlebt oft:

- **Mehr Ruhe** – trotz gleicher Aufgaben.
- **Mehr Fokus** – trotz vieler Anforderungen.
- **Mehr Selbstwert** – nicht durch Erfolge, sondern durch das Gefühl: Ich habe entschieden.

Und das große Ganze?

Agieren im Alltag ist der erste Schritt. Aber auf lange Sicht verändert sich mehr: das Denken in Zeiträumen. Der Umgang mit Kraft. Die Bereitschaft, nicht alles mitzumachen. Man wird selektiver. Und aus dieser Selektion entsteht eine innere Ordnung, die nicht von außen sichtbar sein muss – aber spürbar ist. Denn letztlich geht es nicht darum, ob man viel erreicht.

Sondern darum, ob das, was man tut, von innen her kommt.

Die Kraft liegt im Unscheinbaren

Wenn Menschen an Veränderung denken, stellen sie sich oft große Dinge vor: ein neuer Job, ein anderer Wohnort, ein großer Durchbruch. Doch echte, nachhaltige Veränderung beginnt selten in den Schlagzeilen – sondern im Stillen.

Sie beginnt mit einem veränderten Satz. Mit einer Entscheidung, die niemand sieht. Mit einer Handlung, die scheinbar keinen Applaus bekommt – aber in Dir selbst etwas aufrichtet.

In Wahrheit sind es die kleinen Dinge, die uns wieder mit uns selbst verbinden. Und oft sind sie unscheinbar, aber wirksam.

Was klein wirkt, kann den Kurs verändern

- Ein kurzer Spaziergang am Morgen – regelmäßig durchgeführt – verändert Deine Gedankenwelt.
- Eine fünfminütige Ordnung auf dem Schreibtisch kann neue Klarheit bringen.
- Eine Notiz pro Tag über das, was gelungen ist, stärkt das Selbstbild mehr als jedes Seminar.
- Ein bewusstes Nein, das aus dem Bauch kommt, kann ein ganzes Geflecht falscher Erwartungen durchtrennen.
- Ein echtes Gespräch, nicht nebenbei geführt, sondern mit voller Präsenz – kann Beziehungen neu ausrichten.

„Der Flügelschlag eines Schmetterlings kann das Wetter auf einem anderen Kontinent verändern."

– sinnbildlich aus der Chaostheorie

Was hier wie Poesie klingt, ist in der Lebensrealität oft spürbar: Kleine Dinge haben Hebelwirkung – wenn sie bewusst gewählt und regelmäßig gepflegt werden.

Warum das Kleine uns so schwerfällt

Das Paradoxe: Je einfacher etwas ist, desto eher schieben wir es auf. Nicht, weil wir faul sind – sondern weil unser Geist „groß" denken will. Wir unterschätzen die Wirkung des Kleinen. Es fehlt die Dramatik. Das Spektakel.
Doch genau darin liegt die Chance: Wer das Spektakuläre nicht mehr braucht, wird handlungsfähig. Nicht irgendwann, sondern heute. Und meist ganz in der Nähe.

Kleine Rituale – große Stabilität

Einige der stabilsten Menschen, die man trifft, haben keine perfekten Lebensläufe – aber sie haben klare, kleine Rituale. Ein ruhiger Start in den Tag. Ein bewusstes Abendritual. Eine Notiz über das, was wirklich zählt. Ein Moment der Stille – auch im Trubel. Diese Rituale wirken wie innere Anker. Sie strukturieren nicht nur den Tag, sondern oft auch das Denken. Und sie erinnern Dich daran:
Du bist nicht Dein Kalender. Du bist der, der entscheidet, womit Du ihn füllst.

Die Kraft der Wiederholung

Kleine Dinge wirken nicht nur einmal. Sie wirken durch Wiederholung. Wer jeden Tag einen Satz schreibt, denkt irgendwann klarer. Wer jeden Tag einen kleinen Bereich ordnet, lebt irgendwann strukturierter. Wer jeden Tag einem Menschen wirklich zuhört, baut Beziehungen auf, die tragen.

Nicht, weil man es plant. Sondern weil man dran bleibt.

Kein Beweis nötig – nur Erfahrung

Viele Menschen warten darauf, dass etwas „groß genug" ist, um es ernst zu nehmen. Doch das ist der alte Maßstab: Leistung, Sichtbarkeit, Vergleich. Der neue Maßstab darf leiser sein: Fühlt es sich stimmig an? Verändert es etwas in mir – auch wenn es niemand merkt? Denn: Nicht alles, was zählt, lässt sich zählen. Und nicht alles, was sichtbar ist, wirkt auch tief.

Der Weg: unspektakulär – aber echt

Vielleicht ist das die größte Einladung dieses Kapitels: Unterschätze nicht die Kraft des Kleinen. Denn dort, wo kein Applaus ist, entsteht oft die größte Klarheit. Ein kleines Ritual. Eine stille Entscheidung. Ein einziger Schritt, heute. Wenn Du das regelmäßig tust, wirst Du eines Tages zurückblicken – und merken:

Ich bin weiter gekommen, als ich dachte.

15.2 – Rituale, Systeme, Visionen

Viele Menschen beginnen Veränderungen mit guten Vorsätzen – und sind dann enttäuscht, wenn sich nach einigen Wochen nichts verändert hat. Nicht, weil ihnen etwas fehlt. Sondern weil ihnen die Struktur fehlt, in der das Neue wachsen kann. Wer langfristig denken und einfach handeln will, braucht drei stabile Ebenen:

- **Rituale**, die den Alltag tragen,
- **Systeme**, die Komplexität vereinfachen,
- **Visionen**, die Sinn und Richtung geben.

Diese drei wirken zusammen – wie Wurzeln, Stamm und Krone eines Baumes. Fehlt eines davon, wird das Wachstum instabil. Ist alles im Einklang, entsteht das, was man früher „Lebensführung" nannte: ruhig, verlässlich, zielbewusst.

Rituale: Das Fundament im Kleinen

Rituale sind keine starren Gewohnheiten – sie sind bewusste Verankerungen im Alltag. Sie geben Halt, wenn außen alles in Bewegung ist. Und sie erinnern Dich daran, dass Du nicht im Außen anfangen musst, um etwas zu verändern – sondern bei Dir.

Typische Rituale können sein:

- Ein kurzer Tagesbeginn mit Stille oder Schreiben
- Ein fester Zeitpunkt zum Abschalten digitaler Geräte
- Eine wöchentliche Rückschau mit drei einfachen Fragen:
  Was war gut? Was war schwierig? Was will ich nächste Woche anders machen?

Rituale sind niedrigschwellig, aber wirkungsvoll – und vor allem: wiederholbar. Sie brauchen keine App, keine Bühne, keine Erklärung. Nur Dich.

„Tue einfache Dinge mit Hingabe – und sie werden stark."

Systeme: Die Struktur hinter dem Tun

Rituale helfen im Jetzt – Systeme helfen über die Zeit. Ein gutes System ist kein starres Korsett, sondern eine durchdachte Struktur, die Entscheidungen erleichtert und Energie spart. Es macht nicht alles perfekt – aber vieles einfacher.

Beispiele:

- Ein einfacher Wochenplan, der Spielräume und Pflichten sichtbar macht
- Eine Ordnerstruktur, die Du wirklich verstehst (digital oder analog)
- Ein fester Prozess, wie Du Ideen notierst und später wiederfindest
- Eine Methode, wie Du Projekte in Etappen zerlegst – z. B. nach dem Prinzip: Was ist der kleinste nächste Schritt?

Systeme helfen, nicht jedes Mal bei Null zu beginnen. Sie erlauben Dir, langfristig dranzubleiben, weil sie Aufwand reduzieren und Klarheit schaffen.

Visionen: Der Kompass im Inneren

Eine Vision ist nicht zwangsläufig „groß", und wer laut Helmut Schmidt Visionen hat, muss auch nicht zum Arzt gehen. Es muss auch nicht die Weltrettung sein. Eine gute Vision ist klar, ehrlich und emotional anschlussfähig – für Dich selbst. Sie beantwortet nicht, wie Du etwas machst – sondern warum. Sie gibt Deinem Handeln Sinn. Und Sinn trägt – auch durch schwierige Phasen.
Beispiele für echte, tragende Visionen:

- Ich möchte einen Alltag gestalten, in dem ich bei mir bleiben kann.
- Ich will in 10 Jahren nicht reich sein – sondern frei.
- Ich will meine Fähigkeiten so einsetzen, dass sie anderen wirklich nützen.
- Ich will mein Leben so führen, dass mein jüngeres Ich stolz wäre – und mein älteres Ich dankbar.

Eine echte Vision ist kein Marketing-Spruch. Sie ist eine stille, tiefe Überzeugung, die Dir hilft, Entscheidungen zu treffen, wenn alles andere unsicher ist.

Wie alles zusammenwirkt

- Rituale geben Halt im Alltag.
- Systeme geben Struktur im Tun.
- Visionen geben Richtung im Leben.
- Wenn Du Dich überfordert fühlst, beginne mit einem Ritual.
- Wenn Du den Überblick verlierst, arbeite an Deinem System.
- Wenn Du Dich leer fühlst, erinnere Dich an Deine Vision.

Diese drei Ebenen müssen nicht perfekt sein – aber sie sollten verbunden sein. Dann entsteht das, was viele suchen, aber selten benennen können:

Ein stimmiges Leben – aus einem Guss.

15.3 – Den Dingen Zeit geben

Wir leben in einer Welt, die aufs Tempo drückt. Schnell liefern, schnell entscheiden, schnell verbessern. Schon Kinder wachsen mit dem Gefühl auf, dass man „nicht trödeln" darf. Und Erwachsene übernehmen diesen Takt oft ungefragt: höher, schneller, effizienter – möglichst ohne Umweg. Doch Wachstum folgt anderen Regeln. Nicht denen des Marktes, sondern denen des Lebens.

* Ein Baum wächst nicht schneller, wenn man an ihm zieht.
* Eine Verletzung heilt nicht schneller, wenn man sie täglich prüft.
* Und echte Veränderung braucht Reifung – nicht nur Handlung.

„Manche Dinge brauchen Zeit. Nicht, weil sie langsam sind – sondern weil sie tief werden wollen."

Schnelle Lösungen – träge Wirkungen

Schnelligkeit bringt oft nur scheinbare Klarheit. Man hat etwas „entschieden", „getan", „gepostet", „abgeschlossen". Aber innerlich ist oft noch nichts verarbeitet, verdaut, verstanden.

Wer sich keine Zeit nimmt, verpasst den inneren Anschluss. Er handelt – aber er ist nicht wirklich da. Und genau das ist der Grund, warum viele Entscheidungen sich im Nachhinein nicht stimmig anfühlen. Die wirklich tragfähigen Wege entstehen nicht aus Eile, sondern aus Tiefe. Nicht aus Druck, sondern aus innerem Ja. Und dieses Ja braucht manchmal Tage. Oder Wochen. Oder länger.

Zeit geben heißt: Vertrauen üben

Etwas reifen zu lassen ist heute fast schon ein Akt des Widerstands. Gegen die Beschleunigung. Gegen das Außen. Gegen den eigenen Perfektionismus. Und doch liegt darin eine ungeahnte Stärke. Denn wer den Dingen Zeit gibt, entscheidet sich für Substanz statt Oberfläche.

Das bedeutet:

- **Nicht jeden Impuls sofort umsetzen** – sondern abwarten, ob er bleibt.
- **Nicht jeden Konflikt sofort klären** – sondern manchmal wirken lassen.
- **Nicht jede Idee sofort groß denken** – sondern klein beginnen und beobachten, ob sie trägt.

Zeit zu geben heißt auch: sich selbst zuzutrauen, dass etwas entstehen darf, ohne kontrolliert zu werden. Das ist keine Passivität – das ist Reife.

Zeiträume statt Deadlines

Manche Projekte brauchen keinen festen Termin, sondern einen Raum, in dem sie wachsen dürfen. Das gilt besonders für innere Entwicklung:

- Eine neue Haltung entsteht nicht durch eine To-do-Liste.
- Vertrauen baut sich nicht über Nacht auf – sondern über Erfahrungen.
- Loslassen geschieht nicht auf Knopfdruck – sondern im eigenen Tempo.

Wenn Du merkst, dass etwas in Dir arbeitet – aber noch kein Ergebnis da ist – dann bist Du nicht zu langsam. Du bist unterwegs.

Der stille Gewinn: Tiefe statt Tempo

Wer den Dingen Zeit gibt, erfährt oft eine überraschende Wandlung:

- Entscheidungen werden klarer, weil sie durchdacht sind.
- Beziehungen werden echter, weil sie nicht unter Druck stehen.
- Arbeit wird erfüllender, weil sie aus dem Inneren kommt – und nicht nur auf Reaktion basiert.

Und das Schönste:

Das Leben kommt zurück. Nicht auf Knopfdruck. Aber zuverlässig. In Form von Resonanz. Von Erkenntnis. Von Momenten, die sich nicht mehr erzwungen an fühlen, sondern wahrhaftig.

Kapitel 16 - Wenn innere Reife spürbar wird

Es gibt Phasen im Leben, die verändern alles – nicht, weil im Außen ein großes Ereignis geschieht, sondern weil im Inneren etwas kippt. Ein leiser Übergang. Eine wachsende Erkenntnis. Ein inneres Innehalten:

Ich bin nicht mehr, wer ich einmal war.

Und damit beginnt eine stille, aber kraftvolle Zeit. Keine Revolution, kein Umbruch mit Pauken und Trompeten – sondern ein sanftes Abstreifen von Mustern, Masken und alten Rollen. Es ist der Moment, in dem man nicht mehr funktionieren möchte, sondern echt sein.

Kapitel 16.1 – Du bist nicht mehr der, der Du warst: Dieses Kapitel lädt ein, sich von alten Selbstbildern zu lösen – mit Respekt, nicht mit Trotz. Es macht Mut, anzuerkennen, was längst gereift ist: neue Sichtweisen, neue Werte, ein feineres Empfinden. Nicht als Abgrenzung, sondern als Anerkennung eines natürlichen inneren Wachstums.

Kapitel 16.2 – Vom Selbstzweifel zur Selbstachtung: Wer sich verändert, beginnt zu zweifeln. Nicht, weil etwas falsch ist – sondern weil man sich neu sortieren muss. Dieses Kapitel zeigt den Weg vom ständigen Infragestellen hin zu einer klaren, ruhigen Selbstachtung. Eine, die nicht laut wird – aber trägt.

Kapitel 16.3 – Klarheit als Lebensstil: Am Ende steht eine Haltung, die vieles einfacher macht: Klarheit. Nicht als starre Meinung, sondern als gelebte Aufrichtigkeit. Dieses Kapitel ist eine Einladung, Klarheit nicht nur als Werkzeug zu sehen – sondern als Lebensstil, der Kraft spart, Beziehungen klärt und innere Ruhe ermöglicht.

Diese drei Kapitel sind wie ein stiller Raum – nicht zum Optimieren, sondern zum Erkennen. Was hat sich in mir verändert? Was darf bleiben? Und was ist bereit, nun sichtbar zu werden – weil ich es endlich tragen kann?

Wer diesen Abschnitt bewusst liest, wird vielleicht spüren: Der neue Mensch in mir war nie weit weg. Er hat nur gewartet, dass ich ihn nicht länger verdränge – sondern willkommen heiße.

16.1 – Du bist nicht mehr der, der Du warst

Es gibt Momente im Leben, da blickt man zurück – auf Entscheidungen, Haltungen, Begegnungen – und merkt: Das war alles einmal stimmig. Aber ich bin es nicht mehr. Nicht aus Trotz, nicht aus Wut. Sondern weil sich innerlich etwas verändert hat.

Langsam. Leise. Unaufhaltsam.

Viele erleben diesen Wandel nicht als lautes Ereignis, sondern als stille Verschiebung im Inneren. Was früher Halt gab, trägt nicht mehr. Was früher wichtig war, wirkt heute fremd. Was früher selbstverständlich war, will heute nicht mehr gedacht werden. Und genau hier beginnt eine neue Phase: Nicht des Bruchs, sondern der Wandlung.

Die Angst vor Veränderung – und was dahinterliegt

Für viele Menschen ist dieser innere Wandel mit Unsicherheit verbunden. Man fragt sich:

* *Bin ich noch richtig so?*
* *Was denken andere, wenn ich mich verändere?*
* *Darf ich mich lösen von dem, was ich selbst einmal aufgebaut habe?*

Diese Fragen sind verständlich – aber sie dürfen nicht verhindern, dass Du das anerkennst, was längst da ist:

Du bist gewachsen. Du bist anders geworden. Und das ist kein Verlust – sondern Leben in seiner natürlichsten Form.

„Es ist nie zu spät, der Mensch zu werden, der Du längst geworden bist."

Entwicklung zeigt sich nicht in Erfolgen – sondern im Blick

Der neue Mensch in Dir zeigt sich nicht im Außen – sondern im Inneren: In Deinen Gedanken. Deinem Tonfall. Deiner Art, mit Dir selbst zu sprechen. Deiner Geduld mit anderen. Deiner Klarheit, wo Du früher gezweifelt hast.

Vielleicht spürst Du, dass Du nicht mehr so viel kämpfen musst wie früher. Dass Du weniger erklären musst. Dass Du Dinge loslassen kannst, die Dich einmal definiert haben. Das ist kein Rückzug – sondern ein Ankommen. Nicht im Sinne von „fertig" – aber im Sinne von:

Ich bin nicht mehr in der Phase des Beweises. Ich darf einfach sein.

Vom Suchen zum Sehen

Früher ging es oft darum, etwas zu erreichen, zu beweisen, zu ordnen. Heute vielleicht eher darum, zu sehen, was schon da ist. Nicht in Zahlen, nicht in Status – sondern in Substanz. In Momenten, in denen Du gelassener bleibst. In Gesprächen, in denen Du Dich nicht mehr rechtfertigst. In Entscheidungen, die Du nicht aus Angst, sondern aus Haltung triffst.

Der neue Mensch in Dir muss nicht gesucht werden. Er ist nicht irgendwo da draußen. Er zeigt sich – in Deinem Umgang mit Dir selbst.

Innere Wandlung braucht Würdigung

Viele Menschen übergehen diese Wandlung, weil sie so leise geschieht. Aber wer sie nicht würdigt, bleibt innerlich unklar – und klammert sich an ein Selbstbild, das längst überholt ist. Daher die Einladung:

- Erkenne an, was Du heute anders machst als vor zehn Jahren.
- Sprich aus, was Du heute nicht mehr brauchst.
- Halte inne bei der Frage: Was ist neu in mir – auch wenn ich es noch nicht ganz greifen kann?

Diese Würdigung ist keine Eitelkeit. Sie ist ein innerer Akt der Achtung. Und sie ist wichtig, um die Veränderung nicht als Verlust, sondern als Reife zu erleben.

Der neue Mensch entsteht nicht – er wird sichtbar

Vielleicht ist das die stille Wahrheit dieses Kapitels: Du musst nicht jemand Neues werden. Du bist es längst. Nicht anders im Wesen – aber klarer. Feiner. Tiefer. Der neue Mensch in Dir ist nicht eine andere Version von Dir, sondern die ehrlichere. Weniger laut. Weniger abhängig vom Applaus. Weniger interessiert an äußerem Maßstab. Aber dafür umso mehr im Kontakt mit dem, was wirklich trägt.

Was Dir nicht mehr dient, darf gehen

Im Laufe des Lebens sammeln wir vieles an: Gedanken, Routinen, Verpflichtungen, Beziehungen, Rollenbilder. Vieles davon hat uns einmal gedient – vielleicht sogar gerettet. Es war richtig zur damaligen Zeit.

Doch Zeiten ändern sich. Und wir uns mit ihnen. Was früher sinnvoll war, kann heute zur Last werden. Was früher Sicherheit gab, kann heute wie eine unsichtbare Kette wirken. Was früher stimmig war, ist heute vielleicht einfach nur noch da – ohne Bezug, ohne Wärme, ohne Sinn.

Und genau hier beginnt ein wichtiger Schritt innerer Reife: Zu erkennen, was Dir nicht mehr dient – und es gehen zu lassen.

Dienen – nicht im Sinne von Nützlichkeit

„Dienen" ist ein altes Wort, das heute kaum noch verwendet wird. Es klingt nach Gehorsam oder Zweck. Doch in Wahrheit meint es etwas anderes:

Dienen heißt, dass etwas Dich stärkt. Dich aufbaut. Dich wachsen lässt. Ein Gedanke kann Dir dienen – oder Dich klein halten. Ein Mensch kann Dir dienen – oder Dich unter Druck setzen. Eine tägliche Gewohnheit kann Dir dienen – oder Dich davon abhalten, Du selbst zu sein.

Nicht alles, was Du begonnen hast, muss bleiben. Nicht jeder Weg, den Du einmal gegangen bist, muss zu Ende geführt werden.

Loslassen bedeutet nicht: Es war falsch

Das vielleicht Wichtigste zuerst: Etwas zu beenden heißt nicht, dass es ein Fehler war. Es war Teil Deines Weges. Es hat Dich geformt. Es war vielleicht sogar ein Geschenk. Aber: Nicht jedes Geschenk muss man ewig behalten. Manche Dinge darf man mit Achtung loslassen. Nicht, weil sie wertlos sind – sondern weil ihre Zeit vorbei ist.

Diese Unterscheidung ist zentral: Wer alles als „Fehler" einordnet, verpasst die Würde des Rückblicks. Wer alles als „ewig gültig" betrachtet, verpasst die Freiheit des Jetzt.

Eine kleine Inventur: Was darf gehen?

Du musst nicht gleich radikal ausmisten. Aber Du darfst innehalten – und fragen:

- Welche Verpflichtung nehme ich nur noch aus Gewohnheit wahr?
- Welche Gespräche führen immer wieder in dieselbe Leere?
- Welche „Ziele" habe ich längst innerlich aufgegeben – trage sie aber noch wie eine Maske?
- Welche Glaubenssätze halten mich zurück, obwohl ich sie längst durchschaut habe?

Diese Fragen sind kein Angriff – sondern ein Angebot: an Dich selbst. Du darfst entscheiden, was bleibt. Und was gehen darf.

Loslassen schafft keine Leere – sondern Raum

Viele fürchten das Loslassen, weil sie glauben, dann bleibe nichts mehr übrig. Doch in Wahrheit ist es umgekehrt:

Solange Du nicht loslässt, bleibt kein Raum für Neues. Das Leben kann Dir nichts Neues bringen, wenn Du noch festhältst am Überholten. Manchmal reicht eine einzige Entscheidung – und plötzlich bewegt sich alles. Nicht, weil die Welt sich ändert. Sondern weil Du Deine inneren Kräfte neu ordnest.

Und ja: Manches geht langsam. Manches braucht mehrere Anläufe. Aber alles beginnt mit einem stillen Satz:

„Das dient mir nicht mehr – und das ist in Ordnung."

Du bist nicht verpflichtet, Dir selbst untreu zu bleiben

Das ist vielleicht der stärkste Gedanke dieses Kapitels: Du darfst Dich verändern – ohne Dich rechtfertigen zu müssen. Du darfst sagen: Ich mache das nicht mehr. Du darfst erkennen: Ich bin nicht mehr die Person, die ich war, als ich das begonnen habe. Und Du darfst dabei würdevoll bleiben – für Dich und für das, was einmal war.

Denn nur, wer gehen lässt, was nicht mehr dient, macht Platz für das, was trägt.

16.2 – Vom Selbstzweifel zur Selbstachtung

Wenn die innere Stimme klein macht: Selbstzweifel sind kein Zeichen von Schwäche. Im Gegenteil: Wer sich reflektiert, zweifelt auch. Wer ehrlich hinsieht, stellt Dinge infrage. Wer wachsen will, stolpert manchmal –
gerade weil er nicht oberflächlich lebt.

Und doch: Wenn Selbstzweifel überhandnehmen, lähmen sie. Sie untergraben das Vertrauen in die eigenen Entscheidungen. Sie führen dazu, dass man sich klein hält, obwohl man längst mehr geworden ist. Und sie nagen an etwas sehr Wesentlichem: dem Gefühl, dass man sich selbst mit Achtung begegnen darf.

„Selbstachtung ist nicht Stolz. Es ist das stille Wissen: Ich bin in Ordnung – auch wenn ich nicht perfekt bin."

Woher der Selbstzweifel kommt

Selbstzweifel entstehen selten im Moment. Sie sind angelernt, oft über Jahre.

- durch ständige Bewertung von außen
- durch Systeme, in denen nur Leistung zählt
- durch Prägungen aus Kindheit oder Beruf, in denen man es „nie richtig" machen konnte

Viele Menschen tragen heute einen inneren Richter mit sich herum, dessen Stimme längst automatisiert ist.

- *„Hättest Du nicht …?"*
- *„Warum kannst Du nicht einfach …?"*
- *„Du bist doch sonst …"*

Und irgendwann nimmt man diesen Ton als gegeben hin. Aber: Er ist nicht die Wahrheit. Er ist ein Echo – das man entlernen kann.

Selbstachtung beginnt im Alltag

Der Weg zur Selbstachtung führt nicht über große Einsichten. Er beginnt im Alltag – mit kleinen Entscheidungen, die sagen:
„Ich zähle. Ich achte mich. Ich bin mir nicht egal."

Beispiele:

• Sich nicht dauernd entschuldigen, wenn man nichts falsch gemacht hat
• Nein sagen, ohne schlechtes Gewissen
• Auf die eigenen Energiegrenzen hören – auch wenn andere mehr wollen
• Entscheidungen nicht endlos zerdenken, sondern stehen lassen
• Sich selbst nicht abwerten, wenn etwas nicht sofort gelingt

Diese Handlungen wirken leise – aber sie reparieren etwas in uns. Sie sagen: Ich
bin nicht falsch. Ich bin auf dem Weg.

Der Unterschied zwischen Eitelkeit und Würde

Manche verwechseln Selbstachtung mit Egoismus oder Stolz. Doch in Wahrheit
ist Selbstachtung das Gegenteil von Eitelkeit. Wer sich selbst achtet, braucht keine Inszenierung. Keine Maske. Kein Außenlob. Er kann sagen: Das bin ich. Nicht
perfekt – aber ehrlich.

Würde entsteht, wenn jemand sich selbst kennt – und trotzdem liebevoll mit
sich umgeht. Oder gerade deshalb. Denn niemand kennt die eigenen Schwächen so gut wie man selbst. Und wenn man trotzdem zu sich steht, wächst
etwas, das kein Applaus geben kann:

Innere Reife.

Praktische Wege zurück zur Selbstachtung

Im folgenden einige konkrete Schritte, die helfen können:

- **1. Sprich mit Dir selbst wie mit einem guten Freund**
  Würdest Du einem Freund so etwas sagen wie: „Du bist zu nichts zu gebrauchen"? Wahrscheinlich nicht. Also: Warum zu Dir selbst?

- **2. Feiere kleine Schritte – auch wenn sie niemand sieht**
  Nicht alles muss sichtbar sein, um wertvoll zu sein. Ein schwieriges Gespräch geführt. Eine Entscheidung nicht aufgeschoben. Eine Grenze gesetzt. Das ist Entwicklung.

- **3. Vergleiche Dich nicht mit anderen – sondern mit Deinem früheren Ich**
  Nicht: Was haben andere geschafft? Sondern: Wo war ich vor einem Jahr? Vor fünf? Was kann ich heute besser spüren, entscheiden, stehen lassen als damals?

- **4. Lerne, Fehler zu würdigen – nicht zu fürchten**
  Fehler zeigen nicht, dass Du versagt hast. Sie zeigen, dass Du gehandelt hast. Und dass Du bereit warst, sichtbar zu werden.

Eine Libelle und ein leiser Maßstab

Es gibt Momente, die brennen sich ein, nicht weil sie laut sind, sondern weil sie etwas zeigen, das selten geworden ist: innere Haltung – sichtbar gemacht im Alltäglichen. Einer dieser Momente stammt aus meiner Zeit bei der Bundeswehr. Freitag Nachmittag, Dienstschluss stand bevor. Alle wollten ins Wochenende, die Stimmung war gelöst. Doch kurz bevor wir gehen konnten, blieb unser damaliger Oberstleutnant noch einmal stehen. Er hatte oben am Fenster im Innenraum eine Libelle entdeckt.

Er sagte nur: *„Wartet mal kurz."* und verschwand in den Keller. Als er zurückkam, trug er eine Leiter und ein altes Marmeladenglas in der Hand. Er stellte die Leiter auf, kletterte hoch, fing die Libelle behutsam ein und brachte sie nach draußen. Dann sagte er – ganz ruhig, ohne Pathos:

„Jetzt können wir nach Hause fahren. Sonst hätte ich kein gutes Gefühl gehabt. Die wäre da drinnen übers Wochenende verhungert."

Kein Zwang, kein Moralismus. Einfach nur: Gewissen. Und ein innerer Maßstab, der nicht verhandelbar war – auch wenn niemand zugeschaut hätte. Bis heute hat sich mir diese Szene eingebrannt. Nicht als Anekdote, sondern als leiser Prüfstein:

Was ist mir wirklich wichtig? Wie handle ich, wenn keiner hinschaut?
Wo endet meine Verantwortung – und wo beginnt sie eigentlich?

Vielleicht ist Selbstachtung genau das: Etwas zu tun, das keiner verlangt – aber das man selbst nicht nicht tun kann, wenn man sich ernst nimmt. Der Oberstleutnant hätte die Libelle auch übersehen können. Viele hätten es getan Aber er hat sie gesehen. Und gehandelt. Nicht weil er musste. Sondern weil er so war. Und genau das bleibt.

Die Rückkehr zu Dir selbst

Selbstachtung ist nicht laut. Sie drängt sich nicht auf. Sie braucht keine Bühne. Aber sie verändert alles. Denn wer sich selbst achtet, lebt nicht mehr im Reflex – sondern in der Wahl. Er lässt sich nicht mehr so leicht verunsichern. Er muss nicht mehr alles mitmachen. Und er kann anderen mit mehr Ruhe begegnen – weil er sich selbst nicht mehr erklären muss.

Vielleicht ist das die stille Stärke dieses Kapitels: Du musst nicht mehr beweisen, dass Du genügst. Du darfst es spüren. Täglich. Leise. Und Schritt für Schritt.

Vielleicht ist Selbstachtung am Ende nichts anderes als die stille Rückkehr zu einem inneren Maßstab, den man nie ganz verloren hat – nur überlagert von Anforderungen, Erwartungen und alten Prägungen. Man beginnt wieder zu handeln, wie man es eigentlich schon immer richtig fand. Nicht, weil es irgendwo geschrieben steht, sondern weil es sich auf eine tiefe, menschliche Weise stimmig anfühlt.

Wie damals mein Oberstleutnant bei der Bundeswehr, der am Freitagnachmittag nicht ins Wochenende ging, bevor er nicht die Libelle am Fenster gerettet hatte. Niemand hätte es ihm übel genommen, wenn er es übersehen hätte. Aber er hat es nicht übersehen. Und genau das ist Selbstachtung:

Nicht nur wissen, was richtig wäre – sondern danach handeln, auch wenn keiner zuschaut.

Wenn Du beginnst, Dich selbst auf diese Weise ernst zu nehmen – nicht streng, aber klar – dann kommt etwas zurück, das lange gefehlt hat:

Vertrauen in Dich selbst.

Nicht als Ideal, sondern als spürbare Wirklichkeit.
Und vielleicht beginnt genau da:

Dein nächstes, stilles Kapitel.

16.3 – Klarheit als Lebensstil

Es kommt ein Punkt im Leben, da möchte man nicht mehr über jedes Stöckchen springen. Nicht mehr alles „noch mitnehmen". Nicht mehr jedem Impuls hinterherlaufen – und nicht mehr ständig erklären, warum man etwas nicht will. Man sehnt sich nach einem anderen Zustand:

Klarheit.

Nicht perfekt. Nicht allwissend. Aber innerlich sortiert. So, dass das Leben nicht mehr ständig Energie zieht, sondern in Fluss kommt.

Doch Klarheit fällt nicht vom Himmel. Sie wächst. Aus Entscheidungen. Aus Erfahrungen. Und oft: aus Krisen. Denn wer gezwungen ist, sich selbst neu zu sortieren, merkt plötzlich, wie viel Überflüssiges er jahrelang mitgetragen hat.

Klarheit ist kein Zustand – sondern eine Haltung

Viele denken, Klarheit sei das Ergebnis langer Überlegungen, ein Endpunkt:

„Wenn ich genug nachdenke, werde ich klar sehen."

Aber das ist ein Irrtum. Klarheit ist kein Ziel – sie ist ein Stil. Eine Haltung dem Leben gegenüber:

- Ich muss nicht alles bewerten, aber ich darf unterscheiden.
- Ich muss nicht alles erklären, aber ich darf bei mir bleiben.
- Ich muss nicht alles verstehen, aber ich darf sagen: So nicht.

Diese Form von Klarheit ist nicht hart, sondern wach. Nicht rechthaberisch, sondern durchlässig. Sie kennt Grenzen – ohne Mauern zu bauen.

„Klarheit ist die sanfteste Form von Stärke."

Was Klarheit von Einfachheit unterscheidet

Einfach leben – das klingt schön. Aber oft bleibt es oberflächlich. Wirkliche Klarheit geht tiefer. Sie sortiert nicht nur Dinge, sondern auch Gedanken, Gewohnheiten, Beziehungen.

Sie fragt:

- *Was gehört wirklich zu mir – und was nicht mehr?*
- *Welche Stimme in mir ist echt – und welche ist Prägung?*
- *Was gibt mir Kraft – und was raubt mir sie regelmäßig?*

Wer klar lebt, muss nicht ständig Entscheidungen nachjustieren. Denn vieles wird von selbst offensichtlich, wenn man seinen inneren Maßstab kennt.

Klarheit beginnt im Kleinen

Du musst nicht Dein ganzes Leben umkrempeln, um klarer zu werden. Es reicht, ehrlich mit einem Bereich zu beginnen.

Zum Beispiel:

- Räume Deinen Schreibtisch auf – nicht perfekt, aber so, dass Du wieder atmen kannst.
- Sag bei einer Einladung ehrlich, ob Du dabei sein willst – oder nur aus Pflichtgefühl mitgehst.
- Schreib einen Gedanken auf, der Dich schon lange beschäftigt – aber den Du immer wieder zur Seite schiebst.

Diese kleinen Taten wirken. Nicht sofort. Aber stetig. Denn Klarheit ist nichts Lautes. Sie wächst still – mit jedem Schritt, bei dem Du Dich nicht mehr verbiegst.

Klarheit schafft Energie

Wer innerlich klar ist, muss weniger kompensieren. Weniger rechtfertigen. Weniger erklären. Weniger aufräumen, was nie hätte entstehen sollen. Klarheit schafft Raum. Im Kopf. Im Herzen. Im Kalender. Und dieser Raum kann wieder mit dem gefüllt werden, was wirklich trägt:

- gute Gespräche
- eigene Projekte
- Stille
- Wahrheit

Ein Mensch, der klar lebt, wirkt nicht „busy", sondern gegenwärtig. Und genau das strahlt aus – und zieht an.

Klarheit ist ein Geschenk an Dich selbst – und an andere

Wenn Du klar bist, erleichterst Du nicht nur Dir das Leben, sondern auch den Menschen um Dich herum. Sie wissen, woran sie sind. Sie spüren: Du spielst kein Spiel. Du brauchst keine Dramen, um Dich lebendig zu fühlen – und keine Masken, um geliebt zu werden.

Das ist vielleicht das Schönste an einem klaren Lebensstil: Er befreit nicht nur Dich. Sondern auch Deine Beziehungen. Denn wer sich selbst sortiert hat, kann andere lassen, wie sie sind – ohne sich ständig zu verlieren.

Fazit: Klarheit ist kein Luxus – sondern eine Notwendigkeit

In einer Welt, die uns täglich mit Reizen überflutet, ist Klarheit nicht nett – sondern überlebenswichtig. Nicht, um perfekt zu funktionieren. Sondern, um nicht unterzugehen im Strom der Möglichkeiten. Klarheit heißt:

- Ich weiß, was ich will.
- Ich weiß, was ich nicht mehr will.
- Und ich traue mich, danach zu leben.

Nicht für den Applaus. Sondern für die Echtheit meines Lebens.

1
2
3
4
5
6
7
8
9
10
11
12
13
14
15
16
A

ANHANG

Weitere Quellen zur Vertiefung in das Thema

Linkliste - Orientierung in Krisenzeiten
- Persönlichkeitsentwicklung und Beziehungskrisen
- Berufliche Krisen & Neuorientierung
- Finanzielle Krisen & Schuldenregulierung
- Emotionale Krisen & psychische Stabilisierung
- Inspiration, Perspektivwechsel & langfristiges Denken

- **Interessante Videos zum Thema**

- **Nachwort**

- **Stichwortverzeichnis**

Anhang

Linkliste - Orientierung in Krisenzeiten

Eine Sammlung hilfreicher Plattformen und Impulse für Menschen, die ins Handeln kommen wollen.

Hinweis: *Alle Links wurden nach bestem Wissen ausgewählt. Die Inhalte können sich im Lauf der Zeit ändern. Bitte nutze Deinen gesunden Menschenverstand – und nimm Dir, was für Dich passt.*

1. Persönlichkeitsentwicklung & Beziehungskrisen

• *https://zeitzuleben.de*

Impulse für ein bewussteres Leben – teils etwas leichtfüßig geschrieben, aber mit guten Ansätzen für Menschen, die einen Einstieg suchen, um ihr Denken und Handeln zu sortieren.

• *https://persoenlichkeits-blog.de*

Dieser Blog enthält mehr als 1.000 Artikel und 400 Podcasts aus 18 Jahren von Roland Kopp-Wichmann.

• *https://pickupforum.de*

Ursprünglich aus der Pick-up-Szene hervorgegangen, heute eine Fundgrube für tiefgehende Beiträge zur Persönlichkeitsentwicklung. Die besten Inhalte finden sich oft abseits der offensichtlichen Themen – etwa in den Unterforen zu Lebensführung, Selbstentwicklung und Krisenverarbeitung.

• *https://eric-hegmann.de/blog*

Ein ruhiger, gut strukturierter Blog rund um Beziehungsdynamiken, Trennung, Bindungsangst, emotionale Reife vom Beziehungs-Coach Eric Hegmann. Nicht missionarisch, sondern verständlich und mit psychologischem Tiefgang.

2. Berufliche Krisen & Neuorientierung

• *https://gruenderplattform.de*

Ein gemeinsames Projekt des Bundesministeriums für Wirtschaft und der KfW. Sehr gute Strukturierung, viele Tools, Checklisten und echte Fallbeispiele für alle, die sich beruflich neu aufstellen oder gründen wollen.

• *https://existenzgruendungsportal.de*

Ein klassisches Portal des Bundeswirtschaftsministeriums – viele Informationen, teilweise etwas bürokratisch, aber mit Substanz. Auch interessant: Förderprogramme, Rechtsformen, Finanzierungsmöglichkeiten.

• *https://www.wiwi-treff.de/Forum*

Gut besuchtes Forum und Zeitung von Wiwi-Treff mit vielen Artikeln und Forenbeiträgen rund um das Thema Existenzgründung, Möglichkeiten und Förderungen.

3. Finanzielle Krisen & Schuldenregulierung

• *https://meine-schulden.de*

Offizielle Seite der Bundesarbeitsgemeinschaft Schuldnerberatung – nüchtern, aber klar. Mit Kontaktstellen, Erstinformationen und praktischen Tipps für Menschen in finanzieller Schieflage.

• *https://www.insolvenz-portal.de*

Informatives Portal zu Verbraucherinsolvenz, Restschuldbefreiung, Wohlverhaltensphase. Keine Rechtsberatung, aber gute Einblicke in den Ablauf und die Möglichkeiten.

• *https://www.finanzfluss.de*

Für die Zeit nach der Krise: Klar strukturierter YouTube-Kanal und Website, die helfen kann, einen neuen Umgang mit Geld zu finden – vom Haushaltsbuch bis zur Altersvorsorge.

4. Emotionale Krisen & psychische Stabilisierung

• *https://www.psychotherapiesuche.de*

Eine Suchmaschine für anerkannte Therapeuten im gesamten Bundesgebiet. Hilfreich, wenn der Schritt zur Begleitung ansteht – oder wenn Du jemanden empfehlen willst.

• *https://www.hilferuf.de*

Im Hilferuf Forum hast Du die Möglichkeit, Dich mit anderen über Problemen, Sorgen und Nöte auszutauschen. Hier bekommst Du von Laien Unterstützung und Zuspruch bei persönlichen Problemen.

5. Inspiration, Perspektivwechsel & langfristiges Denken

• *https://weltwoche.ch*

Eine der letzten großen Stimmen aus der Schweiz für Meinungsvielfalt im deutschsprachigen Raum. Differenzierter Journalismus, gerade in unübersichtlichen Zeiten wertvoll.

• *https://www.nachdenkseiten.de*

NachDenkSeiten sollen eine gebündelte Informationsquelle für jene Bürgerinnen und Bürger sein, die am Mainstream der öffentlichen Meinungsmacher zweifeln und gegen die gängigen Parolen Einspruch anmelden.

• *www.openpr.de*

Einfaches Werkzeug, um eigene Botschaften öffentlich zu machen. Besonders geeignet für Selbstständige, Autoren, kleine Unternehmen – niedrigschwellig, aber effektiv.

• *www.schall-verlag.de*

Meine persönliche Plattform für Bücher, Gedanken, Impulse und Werkzeuge, die Dir helfen können, mit Klarheit und Würde durch herausfordernde Zeiten zu gehen – ohne Drama, aber mit Substanz.

Interessante Videos zum Thema

Eine Sammlung hilfreicher Videos zu Persönlichkeitsentwicklung, berufliche Neuorientierung, finanzielle und emotionale Krisen und Perspektivwechsel.

1. Persönlichkeitsentwicklung & Selbstreflexion

Persönlichkeitsentwicklung: Die 4 wichtigsten Grundlagen
https://youtu.be/Cro1dj8A6cA

Diese 4 Grundlagen der Persönlichkeitsentwicklung von Dipl.-Psych. Dr. Katharina Tempel helfen Dir, dich zu verwirklichen und Dein bestes Selbst zu werden.

Die 3 Fallen der Persönlichkeitsentwicklung
https://youtu.be/3XLO5GcUBoQ

Einige Menschen laufen in eine große Gefahr, wenn sie beginnen, sich mit diesem Themenfeld zu beschäftigen. In diesem Video zeige ich Dir die 3 Fallen, welche in der Persönlichkeitsentwicklung auf Dich lauern.

2. Berufliche Neuorientierung & Selbstständigkeit

Berufliche Neuorientierung: Was 95% falsch machen!
https://youtu.be/pLxzN46VwW8

Seit 8 Jahren begegnen uns fast täglich Menschen, die bei der beruflichen Orientierung einen fatalen Fehler begehen. Dieser Fehler reduziert deine Chancen den richtigen Beruf für dich zu finden drastisch.

Berufliche Neuorientierung – Mit 40 nochmal auf Start | DOK | SRF
https://youtu.be/U0PLlTxKA5Y

Dieser Film begleitet drei Menschen ab 40 auf ihrem Weg in eine neue berufliche Zukunft. Beginnend bei der Weichenstellung bis zum Eintritt in einen neuen Job.

Beispiele Berufliche Neuorientierung - so haben es andere geschafft
https://youtu.be/Y66xKEJbDsl

Du sehnst dich danach, dich beruflich endlich neu zu orientieren? Diese Beispiele für Berufliche Neuorientierung aus der Tätigkeit als Coach können Dich inspirieren und Dir Mut machen!

3. Finanzielle Krisen & Umgang mit Geld

Von Geldgier und faulen Krediten: Wie kam es zur Finanzkrise von 2008?
https://youtu.be/uCaHQkoaaSo

Die Leidtragenden sind vor allem die Anleger, die teilweise ihre gesamten Ersparnisse verlieren. Verluste der Geldanlagen und Arbeitslosigkeit sind die Folge. Allein in Deutschland gehen 30.000 Unternehmen insolvent.

Das einzige Video, das du JETZT über Finanzen sehen musst
https://youtu.be/LH_ck3D9VRw

Eine Rezession wird immer wahrscheinlicher und die Auswirkungen auf die Märkte könnten enorm sein. Informatives Video von Marc Friedrich.

So regulierst du eigenverantwortlich deine Schulden!
https://youtu.be/UFAC7uxGNYg

Immer mehr Menschen werden von Ihrer finanziellen Last erdrückt. Die Schulden steigen und es gibt fast keinen Ausweg mehr, als den „Kopf in den Sand" zu stecken. Ausführliches Video zur Selbstregulierung von Schulden.

4. Emotionale Krisen & psychische Gesundheit

Vorlesung von Prof. Dr. Andreas Maercker: „Die Psyche im Krisenmodus"
https://youtu.be/iOHGD0qV7Ig

Vorlesung von Prof. Dr. Andreas Maercker an der Universität Zürich zum Thema „Die Psyche im Krisenmodus"

Lithium gegen Depressionen und Vitamin D3 bei Corona
https://youtu.be/ZKW6akfPugo

Warum Lithium gegen Depressionen helfen soll, Vitamin D3 bei Corona und Post-Vac hilft und Jodmangel zum IQ-Verlust führt.

Sonja Hörmanseder: Mit akuten psychischen Krisen umgehen
https://youtu.be/vz-5b0JJ-Xk

Wie kann man bei seelischen Notfällen helfen? Was sollte man dabei beachten? Wann braucht es professionelle Unterstützung und welche Angebote gibt es?

5. Inspiration & Perspektivwechsel

Perspektivwechsel Two Pieces of Paper (ACT Metapher 2023)
https://youtu.be/kqhraIXWNxw

Perspektivwechsel können sehr aufschlussreich sein. Situationen aus einem anderen Blickwinkel zu betrachten eröffnet uns neue Wege bzw. Möglichkeiten.

Plötzlich Staatsfeind - Suddenly enemy of the state (English subtitles)
https://youtu.be/CTOA7EQpxeY

„Plötzlich Staatsfeind" ist der filmische Versuch einer Auseinandersetzung von Imad Karim mit dem alltäglichen Wahnsinn in seiner Wahlheimat Deutschland.

Generationen im Verfall: Der 80-Jahres-Zyklus - Hoss und Hopf
https://youtu.be/n7eAEzmZVrE

Generationszyklen, Zivilisationen, gesellschaftlicher Wandel: Steht unsere Welt vor einem großen Umbruch? Philip Hopf und Kiarash Hossainpour nehmen Sie mit auf eine faszinierende Reise durch die Geschichte und Zukunft.

Dieter Nuhr: Naive Politik, fehlende Experten, AFD Verbot
https://youtu.be/QmX77ljkWes

Marc Friedrich spricht mit Dieter Nuhr über sein Leben, was ihn zum Lachen bringt, die Coronazeit, wie er mit Gegenwind und Diffamierung umgeht, die aktuelle Politik, Geld und Bitcoin und ob die Welt untergeht.

Geeignete KI-Apps für Smartphones

OpenAI ChatGPT - „Das Original", GPT 3 kostenlos nutzbar. Mit GPT 4.o und Erinnerungen sehr gut für Selbstreflexion geeignet.

Claude.ai - ebenfalls sehr gut geeignet zur Selbstreflexion, kostenloser Einstieg möglich.

Denken wie ein Prozessentwickler – warum uns nicht die Menschen, sondern die Strukturen krank machen

In meiner Arbeit als Entwickler von Datenbanklösungen und ERP-Systemen habe ich über Jahrzehnte gelernt, nicht zuerst auf Menschen zu schauen, sondern auf Prozesse. Wer dauerhaft mit Geschäftsprozessen arbeitet, merkt schnell: Die meisten Probleme entstehen nicht durch einzelne Personen – sondern durch fehlerhafte Abläufe, falsche Verknüpfungen und schlecht gestaltete Übergänge.

Ein System, das dauerhaft falsche Abläufe erzwingt, erzeugt immer wieder dieselben Probleme. Es ist dabei völlig gleichgültig, welche Person gerade am Schreibtisch sitzt. Der Fehler liegt im System – und wer ihn beheben will, muss das System verstehen, nicht den Mitarbeiter disziplinieren.

Diese Sichtweise lässt sich 1:1 auf die Gesellschaft übertragen.

Der Denkfehler der Personalisierung

Wir sind es gewohnt, Probleme zu personalisieren. Politiker XY, der Nachbar mit der falschen Meinung, die „schlechte Mutter", der „verlogene Vater", der Chef oder die Ex. Wir fixieren uns auf Menschen, obwohl die eigentliche Wurzel des Konflikts oft ganz woanders liegt.

In Wahrheit handelt es sich bei vielen dieser Konflikte um systemische Dynamiken. Fehlerhafte Rollenmuster in Familien, destruktive Machtverhältnisse in Organisationen, ideologische Engführungen in Medien oder eine verzerrte Priorisierung in Bildung und Gesundheitssystemen – alles strukturelle Schwächen, keine menschlichen Schwächen. Ein System, das nicht hinterfragt wird, erzeugt immer wieder dieselben Typen – und dieselben Dramen.

Was wir von Softwareentwicklung lernen können

In der Software spricht man von Debugging: Man sucht nicht den Schuldigen, sondern den Fehler im Code. Kein vernünftiger Entwickler würde auf die Idee kommen, einen Anwender für ein Systemversagen verantwortlich zu machen. Stattdessen wird gefragt: *„Wo ist die Schleife falsch? Wo fehlt eine Abfrage? Wo läuft etwas endlos?"*

Genau das könnten wir auch in zwischenmenschlichen oder gesellschaftlichen Kontexten tun:

- Warum entstehen immer wieder dieselben Familienkonflikte über Generationen hinweg?
- Warum scheitern Projekte nicht an Engagement, sondern an Kommunikationsstrukturen?
- Warum laufen politische Debatten regelmäßig in Sackgassen, obwohl es genug Fachwissen gäbe?

Die Antwort liegt oft nicht im Menschen, sondern im Code des Systems.

Der blinde Fleck der Gesellschaft

Das Tragische ist: Unsere Gesellschaft kennt diesen Unterschied kaum noch. Stattdessen dominieren Empörung, Schuldzuweisung, moralische Überlegenheit oder persönliche Kränkungen. Wer über das System spricht, gilt schnell als „zu verkopft" oder als „kalter Analyst". Dabei ist genau das die Haltung, die wir in Krisenzeiten bräuchten.

Nicht jeder braucht eine Therapie – aber jeder sollte den Prozess verstehen, in dem er lebt.

Die gute Nachricht

Strukturen kann man ändern. Rollen kann man verlassen. Dynamiken kann man unterbrechen – aber nur, wenn man sie erkennt.

Wer anfängt, wie ein Prozessentwickler zu denken, wird feststellen, dass er sich weniger ärgert, weniger Energie verliert und mit mehr Gelassenheit auf das Leben blickt. Weil die Welt dann nicht mehr wie ein verwirrendes Theaterstück erscheint, sondern wie ein System, das man neu denken kann.

Und wer sich selbst versteht, kann auch andere besser verstehen – ohne sie gleich bewerten oder verändern zu wollen.

Stichwortverzeichnis

F

G

H